새 연세한국어 어휘와 문법 4-1

연세대학교 한국어학당 편

연세대학교 출판문화원

머리말

연세대학교 한국어학당은 1959년에 설립된 한국 최초의 외국어로서의 한국어 교육 기관이다. 연세대학교 한국어학당은 그간의 역사와 명성에 걸맞게 다양한 한국어 교재 편찬 및 관련 연구를 해옴으로써 한국어 교육을 선도해 왔다. 지금까지 전 세계에서 온 약 150여 개국의 17만여 명에 이르는 한국어 학습자에게 한국어와 한국 문화를 가르쳐 왔으며, 최근에는 빠른 속도로 변화해 가는 교육 환경에 맞추어 오프라인 한국어 교육뿐만 아니라 온라인 한국어 교육 콘텐츠 개발에도 노력을 기울이고 있다. 이미 세계 각국의 한국어 학습자를 대상으로 글로벌 온라인 대중 공개 강좌(MOOC)를 개설하여 학습자들로부터 큰 호응을 얻었고 연세대학교 온라인 교육 혁신 플랫폼인 런어스(LearnUs)에도 최신 기술을 활용한 한국어 콘텐츠를 올려서 학습자들을 만나는 중이다.

연세대학교 한국어학당은 그간 일반 목적 한국어 학습자들뿐만 아니라 특수 목적 한국어 학습자들을 대상으로 정규과정, 단기과정, 대학 한국어 과정 등 다양한 교육과정을 개설 운영하면서 학습자의 요구에 부응하는 최상의 교재를 개발해 왔다. 이러한 교재들은 국내외의 한국어 교육 기관에서 교사와 학습자들의 다양한 요구를 충족시키며 양질의 한국어 교수·학습을 위해 널리 사용되고 있다.

연세대학교 한국어학당은 그간 가장 큰 호응을 받아 왔던 '연세한국어' 1급~6급의 뒤를 이을 새로운 교재로 '새 연세한국어' 시리즈를 기획 출간하게 되었다. 이 교재의 개발을 위해 한국어 교육 현장 경험이 풍부한 전문 한국어 교육학자 및 교사들이 대거 투입되었고 최상의 한국어 교수법 및 학습자 집단의 요구에 대한 이해를 바탕으로 개발 작업이 장기간에 걸쳐 수행되었다.

이번에 출간된 '새 연세한국어' 시리즈는 총 6단계로 각 단계마다 어휘와 문법 교재, 말하기와 쓰기 교재, 듣기와 읽기 교재로 구성되어 있다. '새 연세한국어 어휘와 문법'은 한국어 학습자들이 각 숙달도별로 가장 필수적으로 익혀야 하는 주요 어휘와 문법에 대한 이해와 활용을 중심으로 구성되었다. '새 연세한국어 말하기와 쓰기'는 원활한 한국어 의사소통을 위해 꼭 필요한 표현 기능을 수행할 수 있도록 말하기, 쓰기 과제를 중심으로 구성되었다. 또한 '새 연세한국어 듣기와 읽기'는 듣기, 읽기 과제를 중심으로 각 급별 숙달도에 적절한 이해 능력을 함양시킬 수 있도록 구성되었다. 이 세 권의 교재는 어휘·문법, 표현, 이해 능력의 고른 발달을 위해 패키지로 함께 사용될 수도 있고, 교육 현장 여건이나 학습자의 요구에 따라 별도로 사용될 수도 있다. 또한 어휘와 문법 교재의 경우 별도의 지침서가 무료로 제공되므로 교육 경험이 다소 부족한 국내외의 한국어 교사들에게 유용한 길잡이가 될 수 있을 것이다.

연세대학교 한국어학당은 앞으로도 전 세계의 한국어 학습자들의 요구와 기대에 부응하는 교재 개발을 위해 최선을 다할 것이다. 아울러 본 교재가 국내외에서 한국어 교육을 위해 노력을 아끼지 않는 많은 교사와 한국어 학습을 위해 노력하는 모든 학습자들에게 크게 도움이 되기를 바란다.

연세대학교 언어연구교육원

한국어학당 교재편찬위원회

일러두기

교재 전체 구성

- 총 20개의 과로 각 과는 두 개의 항씩 총 40개의 항으로 이루어짐.
- 항별로 연습문제가 수록되어 있고 과별로 복습문제가 수록되어 있음.
  (1항 - 1항 연습문제 - 2항 - 2항 연습문제 - 복습문제)
- **어휘:** 해당 항의 대화 어휘와 그 과의 주제와 관련이 있거나 4급에서 습득해야 할 어휘와 표현을 확장하여 제시함.
- **문법:** 항별로 두 개씩의 문법 항목을 제시하여 한 과에 총 네 개의 문법 항목이 있음.
- **연습문제:** 배운 어휘와 문법을 연습할 수 있도록 부록으로 첨부함.
  어휘: 해당 항의 대화 어휘를 중심으로 연습하도록 함.
  문법 1번: 문장을 연결하여 한 문장으로 쓰기, 목표 문법을 활용하여 문장 바꾸기 등의 단순한 문법 연습으로 이루어짐.
  2번: 대화를 완성하거나 문장을 완성하는 형태로 문제를 통해 맥락 안에서 문법 사용을 연습하도록 함.
- **복습문제:** 과 전체(두 개의 항)의 어휘와 문법을 확인 학습할 수 있도록 함.
  -1번: 과 전체 어휘를 모두 아우르는 문제로 이루어짐.
  -2번: 과 전체 문법을 모두 아우르는 문제로 이루어짐.
- **모범 답안:** 연습문제와 복습문제의 모범답안을 제시하여 혼자 연습하는 학습자의 경우에도 도움을 받을 수 있도록 함.
- **색인:** 어휘와 문법 색인에는 각 과에서 다루어진 어휘와 문법을 각각 가나다 순으로 정리하여 제시함.
- **별책:** 대화, 어휘, 문법의 의미와 용법, 문법 용례를 실어 학습자들이 별책만을 가지고도 쉽고 간편하게 연습할 수 있도록 함.

세부 내용 구성

- **항 제목:** 주제를 잘 설명할 수 있는 명사구로 선정함.
- **도입 그림:** 항의 주제나 대화 내용과 관계있는 그림을 제시함.
- **도입 질문:** 항의 주제나 대화 내용과 관계있는 질문으로 제시함.
- **대화:** 두 사람 이상의 대화로 구성하였으며 3~4개의 대화 쌍으로 이루어짐.
- **대화 어휘:** 대화를 이해할 때 알아야 할 어휘를 아래에 제시함.

- **확장 어휘:** 해당 항의 주제와 관련이 있거나 4급에서 학습해야 할 어휘와 표현을 제시함. 의미망을 중심으로 어휘와 표현을 제시하여 학습자들이 어휘와 표현의 의미를 쉽게 유추하여 이해할 수 있도록 함.
- **어휘 연습 1:** 어휘의 의미와 용법을 이해했는지 확인할 수 있도록 다양한 활동으로 구성함.
- **어휘 연습 2:** 이해한 어휘를 활용하여 개인의 경험을 이야기할 수 있도록 구성함.

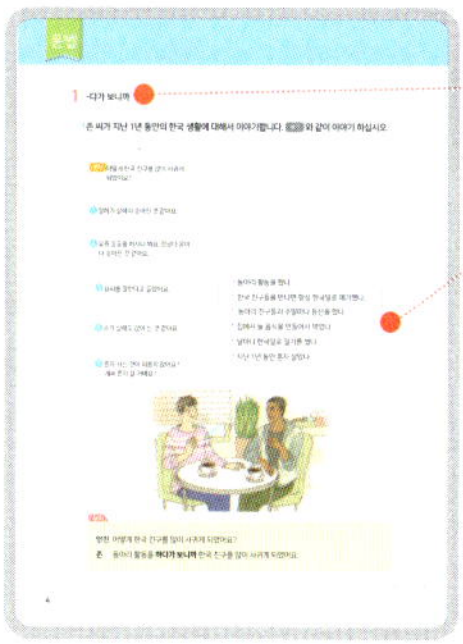

- **문법:** 해당 항의 문법 항목을 제시함.
- **문법 연습:** 배운 문법을 적절히 사용할 수 있는 말하기 활동을 중심으로 구성함. 활동의 방법을 알 수 있도록 <보기>를 제시함.

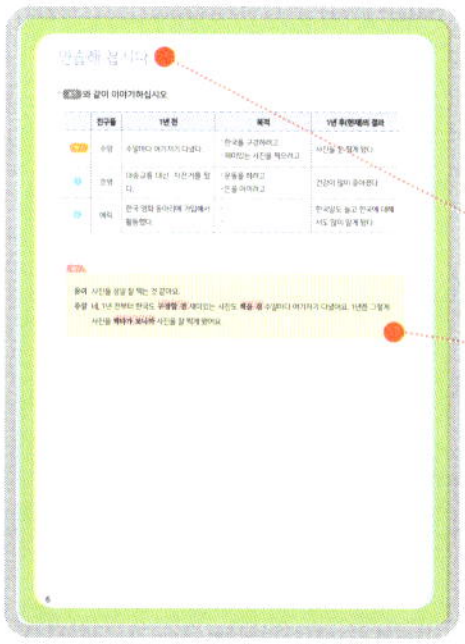

- **연습해 봅시다:** 각 항의 문법을 모두 아울러 말할 수 있도록 함.
- **<보기> 대화:** 보기의 대화를 제시하여 학습자가 쉽게 연습할 수 있도록 함.

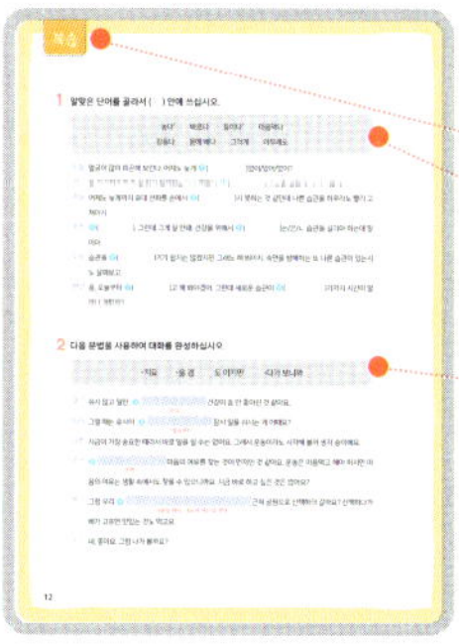

- **복습:** 과 전체의 어휘와 문법을 확인 학습할 수 있도록 함.
- **1번:** 알맞은 어휘를 골라 대화나 글을 완성하도록 함. 과 전체 어휘를 모두 아우르는 문제로 대화 어휘와 확장어휘를 모두 복습·확인할 수 있도록 함.
- **2번:** 과 전체 문법을 모두 아우르는 문제로 네 개의 문법 항목을 하나의 담화 상황에서 사용하여 연습할 수 있도록 함.

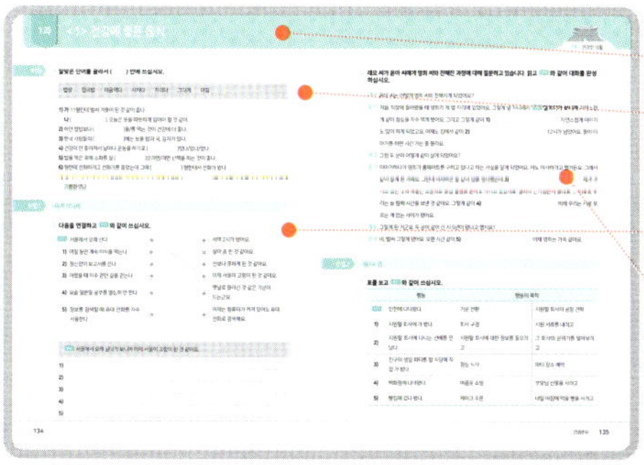

- **연습문제:** 항별로 배운 어휘와 문법을 연습할 수 있도록 함.
- **어휘:** 알맞은 어휘를 골라 각 문장을 완성하는 문제로 대화 어휘를 연습하도록 함.
- **1번:** 두 문장을 연결하여 한 문장으로 쓰기, 문장 바꾸기 등의 단순한 문법 연습으로 이루어짐.
- **2번:** 대화를 완성하거나 스스로 문장을 만드는 등의 문제를 통해 맥락 안에서 문법을 사용할 수 있게 연습하도록 함.

단원구성

과	소단원	문법	대화 어휘	확장 어휘
1과 건강한 생활	<1> 건강에 좋은 음식	-다가 보니까 -을 겸	밥상, 잡곡밥, 마음먹다, 시키다, 차리다, 그러게, 마침	데우다, 데치다, 손쉽다, 식히다[1], 손이 가다
	<2> 건강한 생활 습관	도 이지만 -지요	방해, 숙면, 놓다[1], 들이다[1], 잠들다, 아무래도	바르다, 이롭다, 해롭다, 해치다, 몸에 배다
2과 한국어 학습	<1> 한국어 학습 목적	어찌나 -는지 -도록[1]	계기, 기업, 관련되다, 진출하다, 우연히	개발, 능력, 동기, 의사소통, 호기심, 흥미
	<2> 효과적인 학습 방법	-을 게 아니라 -기에는	매체, 수준, 효과적, 의존하다, 상당히, 서서히	암기하다, 유창하다, 완벽하다, 향상되다, 꾸준히
3과 성격과 환경	<1> 성격	-었던 것 같다 -더니[1]	무표정, 예전, 꼼꼼하다, 내성적이다, 덜렁거리다, 울먹거리다, 활발하다	느긋하다, 소극적이다, 수동적이다, 적극적이다, 주도적이다
	<2> 환경의 영향	-는다고 해서[2] 처럼	불평, 영향, 이기적, 정, 평생, 소심하다, 타고나다	긍정적이다, 냉정하다, 다정하다, 대범하다, 모나다, 못되다, 부정적이다, 원만하다
4과 나의 진로	<1> 진로 고민	-고 보니까 -을 텐데	담당자, 박람회, 부담, 일거양득, 진로, 시도하다, 게다가	다재다능, 상부상조, 우왕좌왕, 우유부단, 유비무환, 작심삼일, 전화위복
	<2> 취업 박람회	-는지요? -는 경우에	답변, 영업, 자격, 지원자, 쪽, 대하다	가치관, 근무지, 발전, 복지, 연봉

과	소단원	문법	대화 어휘	확장 어휘
5과 생활 속의 경제	<1> 소비 형태	-는걸요 -게요?	수거료, 대여하다, 들이다[2], 아쉽다, 저렴하다, 포함되다	고가, 공급, 생산, 수요, 저가, 구매하다
	<2> 결제 방식	-었어야 하다 -다가 보면	가맹점, 시스템, 표시, 도입하다, 당분간, 이래저래	선불, 할부, 후불, 지불하다, 가상 계좌 입금, 간편 결제
6과 의사소통과 표현	<1> 불평과 불만	까지 -더라고요	매너, 무시하다, 배려하다, 불쾌하다, 지나치다, 가만히	갈등, 감정, 의사, 해소, 간섭하다, 겪다, 전달하다, 피하다
	<2> 위로와 격려	-는지 -겠지요	심정, 연속, 의욕, 따다, 딱, 분명히	격려하다, 공감하다, 속상하다, 우울하다, 지치다
7과 일상생활	<1> 공공질서	-도록[2] 만이라도	목줄, 반려동물, 다가오다, 짖다, 책임지다, 마구, 몇몇, 오히려	공공질서, 고성방가하다, 새치기하다, 무단 횡단하다, 신경을 쓰다
	<2> 맛집	-길래 -던걸요	비결, 입소문, 최근, 고소하다, 꼽히다, 담백하다, 붐비다, 색다르다	느끼하다, 매콤하다, 비리다, 새콤하다, 쌉쌀하다, 짭짤하다
8과 문제와 해결	<1> 고장과 수리	-는다 -는다 하는 것이 -는 수밖에 없다	세면대, 키, 교체하다, 부르다, 새다, 다 되다	나가다, 낡다, 설치하다, 손보다, 금이 가다
	<2> 이웃 간의 문제	-는 바람에 -어서야	요청하다, 웬만하다, 쿵쿵거리다, 항의하다, 도대체, 종종	손해, 피해, 끼치다, 따지다, 무책임하다, 요구하다, 위반하다, 저지르다

과	소단원	문법	대화 어휘	확장 어휘
9과 정보화 사회	<1> 가짜 뉴스	에 비해서 -을 수가 있어야지요	난리, 여부, 의심, 작업, 전문적, 가리다, 넘쳐나다, 전달되다	분석하다, 삭제하다, 입력하다, 저장하다, 전송하다
	<2> 휴대 전화 사용 제한	에 따르면 -는다고 보다	권리, 인권, 의견, 판단, 제한하다, 합의하다, 마음대로	대립, 동의, 방안, 토론, 토의, 마련하다, 설득하다, 제시하다
10과 현대인의 모습	<1> 현대인과 일	만 아니면 -는 듯이	경쟁, 장시간, 효율적, 뒤떨어지다, 살아남다, 온종일	성과, 현대인, 거두다, 깨지다, 올리다, 향하다
	<2> 현대인의 소통 수단	-는 법이다 -는다고 할 수 있다	일부분, 채팅, 멀어지다, 부담스럽다, 선호하다, 흔하다, 굳이	경쟁력, 긴장감, 사교성, 영향력, 책임감, 친밀감, 판단력, 편리성

차례

등장인물 | Main characters

에릭 파커
- 미국
- 한국어학당 학생
- 한국전자 직원

존 카마우
- 케냐
- 한국어학당 학생
- 교환학생

사토 유키
- 일본
- 한국어학당 학생
- 기자

리타오
- 중국
- 한국어학당 학생
- 대학 입학 예정자

노라 한슨
- 노르웨이
- 한국어학당 학생
- 대학원 입학 예정자

최주앙
- 브라질
- 한국어학당 학생
- 대학 휴학생

응웬 흐엉
- 베트남
- 한국어학당 학생

레오 마르탱
- 프랑스
- 한국어학당 학생
- 요리사

올리비아 스미스
- 호주
- 한국어학당 학생
- 외교관

이윤아
- 한국
- 대학생

정하늘
- 한국
- 대학생

김우진
- 한국
- 한국전자 직원

1과

건강한 생활

01 건강에 좋은 음식

대화 어휘 밥상, 잡곡밥, 마음먹다, 시키다, 차리다, 그러게, 마침

확장 어휘 데우다, 데치다, 손쉽다, 식히다[1], 손이 가다

문법 -다가 보니까

-을 겸

02 건강한 생활 습관

대화 어휘 방해, 숙면, 놓다[1], 들이다[1], 잠들다, 아무래도

확장 어휘 바르다, 이롭다, 해롭다, 해치다, 몸에 배다

문법 도 이지만

-지요

MP3 / 01

1. 건강에 좋은 음식

- 요리할 때 어떤 재료로 어떻게 요리하는 것이 건강에 좋다고 생각합니까?
- 직접 음식을 만들어서 먹으면 어떤 점이 좋습니까?

영희 잡곡밥, 미역국, 생선, 그리고 나물까지 정말 음식을 많이 차렸네요.

윤아 네, 요즘 밥을 밖에서 자주 사 먹다가 보니까 건강이 좀 안 좋아진 것 같아서 오늘은 마음먹고 밥상을 차렸어요. 이렇게 차려 놓으니까 기분이 좋아요.

영희 그러게요. 얼마 만에 이런 밥상을 보는지 모르겠어요. 윤아 씨 덕분에 저도 건강해지겠어요.

윤아 많이 드세요. 그리고 밥을 먹고 나서 장을 보러 마트에 가려고 하는데 영희 씨도 같이 가실래요?

영희 마침 저도 살 것이 있었는데 잘 됐어요. 그럼 이따가 장도 볼 겸 소화도 시킬 겸 잠깐 나갔다가 올까요?

윤아 네, 내일도 우리 이렇게 재료를 사다가 음식을 해 먹어요.

잡곡밥 차리다 마음먹다 밥상 그러게 마침 시키다

장을 보다
조리하다
상을 차리다

다듬다
데치다
데우다
식히다

손쉽다
손이 가다

- 다음은 콩나물과 냉동 피자의 조리 과정입니다. 보기 와 같이 빈칸을 채우십시오.

콩나물 	조리 방법	  콩나물을 보기 (다듬은)~~은/ㄴ~~ 후에 끓는 물에 ① ( )는다/ㄴ다/다.
	조리 과정	재료 손질을 하려면 ② ( )이/가 많이 ( )는다/ㄴ다/다.
냉동 피자 	조리 방법	 전자레인지에 냉동 피자를 ③ ( )는다/ㄴ다/다.
	조리 과정	아주 ④ ( )고 간편하다.

- 직접 만들어서 먹고 싶은 음식이 있습니까? 어떤 음식인지 보기 와 같이 이야기하십시오.

보기

저는 김치를 직접 만들어서 먹고 싶어요. 김치는 여러 가지 재료를 사다가 **다듬고** 손질해야 해서 만들기 힘들다고 들었어요. **손이** 많이 **가서** 만들기가 어려워도 기회가 된다면 꼭 배워 보고 싶어요.

문법

1 -다가 보니까

• 존 씨가 지난 1년 동안의 한국 생활에 대해서 이야기합니다. 보기 와 같이 이야기하십시오.

보기 어떻게 한국 친구를 많이 사귀게 되었어요?

1 말하기 실력이 좋아진 것 같아요.

2 요즘 운동을 하시나 봐요. 전보다 몸이 더 좋아진 것 같아요.

3 요리를 잘한다고 들었어요.

4 쓰기 실력도 많이 는 것 같아요.

5 혼자 사는 것이 외롭지 않아요? 계속 혼자 살 거예요?

- 동아리 활동을 했다.
- 한국 친구들을 만나면 항상 한국말로 얘기했다.
- 동아리 친구들과 주말마다 등산을 했다.
- 집에서 늘 음식을 만들어서 먹었다.
- 날마다 한국말로 일기를 썼다.
- 지난 1년 동안 혼자 살았다.

보기

영진 어떻게 한국 친구를 많이 사귀게 되었어요?
존 동아리 활동을 **하다가 보니까** 한국 친구를 많이 사귀게 되었어요.

2 -을/ㄹ 겸

• 다음은 노라 씨가 언어 교환 친구와 한국 여행에 대해서 나누는 대화입니다. 보기 와 같이 이야기하십시오.

언제		어디	왜
3년 전		서울	• 여행하려고 • 콘서트를 보려고
2년 전		제주도	• 여행하려고 • 고향에서 한국어를 처음 가르쳐 주셨던 한국어 선생님을 뵈려고
올해	3월	서울	• 한국말을 공부하려고 • 새로운 경험을 하려고
올해	지난 여름 방학	설악산	• 고향에서 사귄 한국 친구를 만나려고 • 등산을 하려고
올해	지난달 (10월)	부산	• 영화제를 보려고 • 바다를 구경하려고
올해	이번 겨울 방학	남이섬	• 드라마 촬영 장소를 구경하려고 •

보기 한국 여행을 많이 했다면서요? 언제 처음 왔어요?

1. 두 번째로 여행한 곳은 어디예요?
2. 올해 3월에 교환 학생으로 온 거지요?
3. 지난 여름 방학에는 어디를 여행했어요?
4. 부산도 좋은데 가 보셨어요?
5. 이번 겨울 방학에는 어디에 가 볼 생각이에요?

보기

영희 한국 여행을 많이 했다면서요? 언제 처음 왔어요?

노라 3년 전에 여행도 **할 겸** 좋아하는 가수의 콘서트도 **볼 겸** 서울에 처음 왔어요.

연습해 봅시다

● 보기 와 같이 이야기하십시오.

	친구들	1년 전	목적	1년 후(현재)의 결과
보기	주앙	주말마다 여기저기 다녔다.	• 한국을 구경하려고 • 재미있는 사진을 찍으려고	사진을 잘 찍게 됐다.
1	흐엉	대중교통 대신 자전거를 탔다.	• 운동을 하려고 • 돈을 아끼려고	건강이 많이 좋아졌다.
2	에릭	한국 영화 동아리에 가입해서 활동했다.	• •	한국말도 늘고 한국에 대해서도 많이 알게 됐다.

보기

윤아 주앙 씨는 사진을 정말 잘 찍는 것 같아요.

주앙 네, 1년 전부터 한국도 **구경할 겸** 재미있는 사진도 **찍을 겸** 주말마다 여기저기 다녔어요. 1년쯤 그렇게 사진을 **찍다가 보니까** 사진을 잘 찍게 됐어요.

MP3 / 02

2. 건강한 생활 습관

- 어떤 생활 습관이 건강에 도움이 됩니까?
- 밤에 잠을 푹 자기 위해서 어떻게 하는 것이 좋을까요?

민철 우진 씨, 며칠 동안 계속 야근을 해서 피곤하신가 봐요.

우진 야근도 야근이지만 잠을 제대로 못 자서 그래요. 침대에 누워서도 휴대 전화를 손에서 놓지 못하니까 잠드는 시간이 점점 늦어져요.

민철 아무래도 늦게까지 휴대 전화를 사용하면 숙면에 방해가 되지요. 잠들기 30분 전부터 휴대 전화를 사용하지 않으면 괜찮아질 거예요.

우진 말은 쉬운데 이미 습관이 돼서 그런지 잘 안 되요.

민철 어두운 곳에서 휴대 전화를 오래 보면 눈도 나빠져요. 이번 기회에 침대에서는 휴대 전화를 쓰지 않는 습관을 들여 보세요.

우진 네, 힘들겠지만 건강을 위해서 오늘부터라도 노력해야겠어요.

놓다[1] 잠들다 아무래도 숙면 방해 들이다[1]

어휘

바르다
몸에 배다
건강에 이롭다
건강에 해롭다
건강을 해치다

습관

고치다
기르다
들이다

- 준이 씨는 자신의 습관을 고치겠다고 결심하고 있습니다. 다음을 읽고 보기 와 같이 빈칸을 채우십시오.

3월 4일 월요일 맑음

아침에 일어나서 부엌으로 가니까 형이 아침 운동을 끝내고 돌아와서 물을 마시고 있었다. 피곤한 내 모습과 상쾌해 보이는 형의 모습이 너무 비교되었다. 식탁에 앉아서 우리의 생활 습관을 자세히 비교해 보았다. 비교해 보니 형의 생활 습관은 모두 보기 (건강에 이로운)~~는/은/ㄴ~~ 습관들뿐이다. 아침에 일찍 일어나서 운동하는 습관은 이미 ❶ (   )어/아/여 있다. 안 되겠다. 나도 이제 나쁜 습관을 고치고 ❷ (   )는/은/ㄴ 습관을 길러야겠다. 먼저 저녁에 친구들을 만나서 자주 술을 마시는 습관부터 고쳐야 할 것 같다. 술은 ❸ (   )으니까/니까. 그리고 계단도 많이 이용하고 가까운 거리는 걷는 습관을 ❹ (   )어야겠다/아야겠다 /여야겠다. 이제 ❺ (   )는/은/ㄴ 나쁜 습관을 하나씩 고쳐야지.

- 여러분의 생활 습관은 어떻습니까? 건강에 이로운 습관과 해로운 습관에 대해서 보기 와 같이 이야기하십시오.

보기

저는 날마다 운동하는 습관을 **들이지** 못했지만 구경하는 것을 좋아해서 여기저기 많이 걸어 다니는 편이에요. 그리고 식사도 제시간에 하려고 노력하고요. 그런데 음식을 빨리 먹는 편이에요. 이런 습관을 **고쳐야겠다고** 생각하는데 식사할 때는 자꾸 잊어버리게 돼요.

1 도 이지만/지만

• 여러분은 무엇이 중요하다고 생각합니까? 보기 와 같이 이야기하십시오.

보기	결혼의 조건으로 중요하게 생각하는 것	사랑, 돈, 성격……
1	인생에서 중요한 것	건강, 가족, 돈……
2	집을 구할 때 중요하게 생각하는 것	월세, 주변 환경, 교통, 시설……
3	좋은 인간관계를 유지하기 위해서 중요하다고 생각하는 것	관심, 예의, 자기표현……
4	즐거운 학교생활을 하기 위해서 중요하다고 생각하는 것	성적, 친구, 동아리 활동……
5	직장을 구할 때 중요하게 생각하는 것	월급, 적성, 근무 시간, 직장의 위치……

보기

희선 결혼할 때 무엇이 제일 중요하다고 생각하세요?

카이 저는 사랑이 제일 중요하다고 생각해요. 두 사람이 진심으로 사랑한다면 해결하지 못할 문제가 없으니까요.

희선 저는 **사랑도 사랑이지만** 성격도 중요하다고 생각해요. 두 사람의 성격이 잘 맞지 않으면 자주 싸우게 될 것 같아요.

2 -지요

- 한국 대학에 입학한 외국 학생이 선배에게 한국 생활의 여러 가지 어려움에 대해서 이야기합니다. 다음을 보고 보기 와 같이 이야기하십시오.

	어려운 점	경험 또는 생각	조언
보기	한국어로 강의 듣기	강의를 제대로 알아듣기까지는 시간이 걸린다.	강의를 녹음해서 여러 번 들어야 한다.
1	한국어로 보고서 쓰기	나도 처음에는 고생을 많이 했다.	한국어로 글을 잘 쓰려면 다양한 글을 많이 읽고 쓰는 연습을 해야 한다.
2	아르바이트와 공부를 함께 하기	두 가지를 모두 잘할 수는 없다.	하나만 선택해서 열심히 하는 것이 좋다.
3	시험 준비	처음 수업을 들을 때부터 예습과 복습을 하는 것이 중요하다.	이제부터라도 예습과 복습을 열심히 해야 한다.
4	친구 사귀기	나도 처음에 친구를 잘 사귀지 못해서 외로웠는데 동아리에 가입한 후에 친구를 사귀게 됐다.	
5	마음에 드는 집 구하기		자신에게 제일 중요한 조건이 무엇인지 생각한 후에 집을 찾는 것이 좋다.

보기

후배 한국어로 강의를 듣는 것이 정말 어려운데 뭐 좋은 방법이 없을까요?

선배 강의를 제대로 알아듣기까지는 시간이 **걸리지**. 강의를 녹음해서 여러 번 반복해서 들어 봐.

연습해 봅시다

• 하늘 씨와 흐엉 씨가 하늘 씨의 옛날 사진을 보면서 이야기하고 있습니다. 보기 와 같이 이야기하십시오.

보기

흐엉 어머니께서 요리를 잘하세요?

하늘 그럼요, 잘하시지요. 요리도 요리지만 옷을 정말 잘 만드세요. 저희 어머니는 정말 못하시는 것이 없어요.

복습

1 알맞은 단어를 골라서 (   ) 안에 쓰십시오.

놓다 바르다 들이다 마음먹다
잠들다 몸에 배다 그러게 아무래도

하늘 얼굴이 많이 피곤해 보인다. 어제도 늦게 ❶ (   )었어/았어/였어?

현진 응, 마지막으로 푹 잔 것이 언제였는지 모르겠어. ❷ (   ) 오늘은 병원에 가 봐야겠어.

하늘 어제도 늦게까지 휴대 전화를 손에서 ❸ (   )지 못하는 것 같던데 나쁜 습관을 하루라도 빨리 고쳐야지.

현진 ❹ (   ). 그런데 그게 잘 안돼. 건강을 위해서 ❺ (   )는/은/ㄴ 습관을 길러야 하는데 말이야.

하늘 습관을 ❻ (   )기가 쉽지는 않겠지만 그래도 해 봐야지. 숙면을 방해하는 또 다른 습관이 있는지도 살펴보고.

현진 응, 오늘부터 ❼ (   )고 해 봐야겠어. 그런데 새로운 습관이 ❽ (   )기까지 시간이 얼마나 걸릴까?

2 다음 문법을 사용하여 대화를 완성하십시오.

-지요 -을 겸 도 이지만 -다가 보니까

유키 쉬지 않고 일만 ❶ ________ 건강이 좀 안 좋아진 것 같아요.
하다

미선 그럴 때는 휴식이 ❷ ________ 잠시 일을 쉬시는 게 어때요?
필요하다

유키 지금이 가장 중요한 때라서 바로 일을 쉴 수는 없어요. 그래서 운동이라도 시작해 볼까 생각 중이에요.

미선 ❸ ________ 마음의 여유를 찾는 것이 먼저인 것 같아요. 운동은 마음먹고 해야 하지만 마음의 여유는 생활 속에서도 찾을 수 있으니까요. 지금 바로 하고 싶은 것은 없어요?
운동

유키 그럼 우리 ❹ ________ 근처 공원으로 산책하러 갈까요? 산책하다가 배가 고프면 맛있는 것도 먹고요.
바람을 쐬다, 마음의 여유를 찾다

미선 네, 좋아요. 그럼 나가 볼까요?

2과

한국어 학습

01 한국어 학습 목적

대화 어휘 계기, 기업, 관련되다, 진출하다, 우연히

확장 어휘 개발, 능력, 동기, 의사소통, 호기심, 흥미

문법 어찌나 -는지

-도록[1]

02 효과적인 학습 방법

대화 어휘 매체, 수준, 효과적, 의존하다, 상당히, 서서히

확장 어휘 암기하다, 유창하다, 완벽하다, 향상되다, 꾸준히

문법 -을 게 아니라

-기에는

MP3 / 03

1. 한국어 학습 목적

- 사람들은 왜 한국어를 배웁니까?
- 여러분은 한국어를 배우고 나서 어떤 일을 하고 싶습니까?

진행자 노라 씨와 흐엉 씨는 어떤 계기로 한국어를 배우게 되셨습니까?

노라 저는 고등학교 때 인터넷으로 우연히 한국 드라마를 봤는데 어찌나 재미있는지 그만 한국 드라마에 푹 빠졌어요. 그 후에 한국어를 배우기 시작했어요.

흐엉 요즘 한국 기업이 우리나라에 많이 진출해 있어요. 그래서 한국어를 잘하면 한국 기업에 취직할 기회가 생길 것 같아서 한국어를 배워요.

진행자 그렇군요. 그럼 두 분은 한국어를 배운 후에 무엇을 하실 계획입니까?

노라 제가 좋아하는 한국 드라마를 우리나라 말로 번역하는 게 제 꿈이에요.

흐엉 저는 기회가 된다면 고향에서 한국과 관련된 일을 하고 싶어요.

진행자 두 분 모두 원하는 꿈을 이루실 수 있도록 앞으로도 열심히 공부하시길 바랍니다.

계기 우연히 기업 진출하다 관련되다

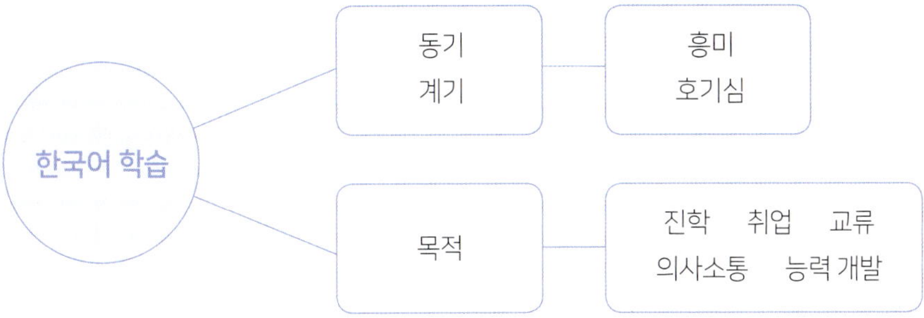

• 한국어 학습 목적을 조사한 그래프입니다. 그래프를 보고 보기 와 같이 빈칸을 채우십시오.

한국어 학습 목적

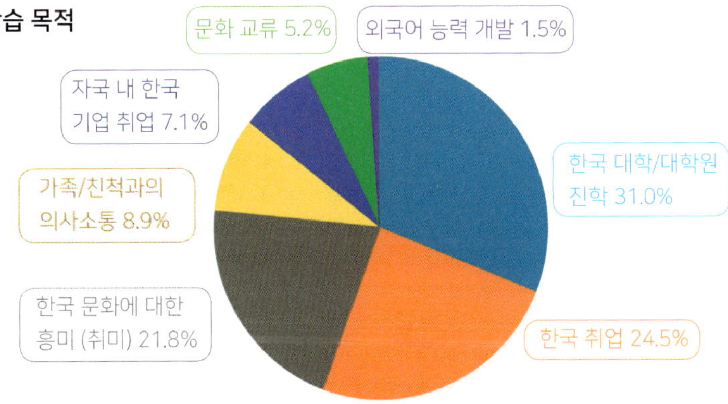

이 그래프는 외국인 유학생의 한국어 학습 보기 (목적을)을/를 나타낸 것이다. 조사에 답한 학생 중 31%는 한국 대학이나 대학원 진학을 위해서 한국어를 배운다고 했다. 그 다음으로 한국 회사에 취업을 하기 위해서라고 답한 사람이 24.5%였다. 그리고 한국 문화에 대한 ❶ (　　　　　　)과/와 관심이 생겨서 취미로 한국어를 배운다고 하는 대답이 21.8%였다. 또한 8.9%는 가족이나 친척과의 ❷ (　　　　　　)을/를 위해 한국어를 배운다고 답했다. 5.2%는 두 나라의 문화 교류에 도움이 되고 싶다고 답했고 1.5%는 외국어 ❸ (　　　　　　)을/를 위해 한국어를 배운다고 했다.

• 위의 어휘를 사용하여 한국어를 배우게 된 동기와 목적을 보기 와 같이 이야기하십시오.

보기

제가 한국어를 배우게 된 **동기**는 대학 때 만난 한국 친구 때문이에요. 친구와 좀 더 편하게 **의사소통**을 하기 위해서 한국어를 배웠어요. 그 후로 한국 문화에 **흥미**가 생겨서 한국에 오게 됐어요. 한국어를 배운 후에는 두 나라의 문화 **교류**에 도움이 되는 일을 하고 싶어요.

문법

1 어찌나 -는지/은지/ㄴ지

• 에릭 씨의 하루입니다. 그림을 보고 보기 와 같이 이야기하십시오.

보기

1

2

3

4

5

보기

아침에 **어찌나 피곤한지** 알람 소리를 들었는데도 일어나지 못했어요.

2 -도록[1]

• 윤아 씨가 첫 해외여행을 가기 전에 올리비아 씨에게 여행에 대해 묻고 있습니다. 보기 와 같이 이야기하십시오.

보기 더운 나라에 가는데 겉옷이 필요할까요?

1. 신용카드를 가져가야 할까요?
2. 두통약도 가지고 갈까요?
3. 짐 무게를 재 봐야 할까요?
4. 휴대 전화를 가지고 가야겠지요?
5. 출발 2시간 전까지 공항에 도착하면 될까요?

- 바람이 불 때도 있는데…….
- 현금이 없을 때도 있을 텐데…….
- 약을 사기 어려울 때도 있을 텐데…….
- 정해진 무게를 넘을 수도 있는데…….
- 급한 전화를 받아야 할 텐데…….
- 2시간 전이면 비행기 출발 시간에 늦을 수도 있는데…….

보기

윤아 더운 나라에 가는데 겉옷이 필요할까요?

올리비아 네, 바람이 불 때 **입을 수 있도록** 겉옷을 가지고 가세요.

연습해 봅시다

● 다음과 같은 상황에 있는 유키 씨에게 어떻게 말하는 게 좋을까요? 보기 와 같이 이야기하십시오.

	상황	조언
보기	요즘 드라마가 너무 재미있어서 밤늦게까지 본다. 다음 날 늦잠을 자서 가끔 회사에 지각을 한다.	늦게까지 드라마를 보지 않는 게 좋겠다.
1	요즘 저녁 약속이 너무 많아서 늦은 시간까지 음식을 계속 먹게 된다.	저녁에 만나는 약속을 줄이는 게 좋겠다.
2	어제 커피를 너무 많이 마셔서 밤에 잠을 푹 못 잤다.	

보기

유키 요즘 드라마가 **어찌나 재미있는지** 밤늦게까지 드라마를 봐요. 그래서 다음 날 늦잠을 자서 가끔 회사에 지각해요.

노라 회사에 **지각하지 않도록** 밤늦게까지 드라마를 보지 않는 게 좋겠어요.

2. 효과적인 학습 방법

- 어떤 방법으로 공부하는 것이 한국어 학습에 도움이 됩니까?
- 여러분은 한국어를 배울 때 어떤 점이 어려웠습니까?

리타오 수업 시간에 배운 내용을 집에서 매일 복습하는데도 한국어로 자연스럽게 말할 수 없어서 고민이에요.

선생님 집에서 책으로만 공부할 게 아니라 한국 사람을 만나서 한국어로 이야기하는 건 어때요?

리타오 저도 그렇게 하고 싶지만 한국 사람과 말할 기회가 별로 없어요.

선생님 그럼 텔레비전이나 인터넷 동영상 같은 매체를 활용해 보세요. 외국어를 공부할 때는 그런 방법도 상당히 효과적이에요.

리타오 저도 가끔 인터넷 동영상을 보는데 말이 빠르고 모르는 단어도 자주 나와서 이해하기가 좀 힘들어요. 자막 없이 내용을 이해하기에는 아직 제 실력이 부족한 것 같아요.

선생님 재미있게 공부하려면 자신의 수준에 맞는 프로그램을 선택해야 해요. 또 자막에만 의존하지 말고 자막 없이 보는 연습도 서서히 해야 하고요.

매체　상당히　효과적　수준　의존하다　서서히

- 한국어 학습
  - 방법: 반복하다, 매체를 활용하다, 암기하다, 꾸준히 하다
  - 결과: 향상되다, 정확하다, 유창하다, 완벽하다, 자연스럽다

● 한국어 학습 방법과 그 결과입니다. 보기 와 같이 빈칸을 채우십시오.

발음
- 교과서를 큰 소리로 여러 번 보기 (반복해서)~~어서/아서/여서~~ 읽었다.
- 휴대 전화로 발음을 녹음해서 들었다.

→ 발음이 전보다 정확해졌다.

말하기
- 한국 친구를 만나서 일상생활 이야기를 자주 나눴다.
- 배운 단어가 들어간 문장을 그대로 ❶ (   )어서/아서/여서 말할 때 사용했다.

→ 자연스럽고 ❷ (   )게 말하게 됐다.

듣기
- 텔레비전이나 인터넷 같은 ❸ (   )어서/아서/여서 내가 좋아하는 프로그램을 여러 번 봤다.
- 좋아하는 한국 가수의 노래를 반복해서 들었다.

→ 듣기 실력이 ❹ (   )었다/았다/였다.

읽기
- 관심 있는 주제의 신문 기사 읽기를 매일 ❺ (   )었다/았다/였다.

→ 단어를 많이 알게 됐고 글의 내용을 빨리 이해하게 됐다.

쓰기
- 배운 어휘와 문법을 활용해서 긴 글을 매일 썼다.

→ 실수 없이 ❻ (   )게 쓰는 것은 아니지만 긴 글을 쓸 수 있게 됐다.

● 여러분이 사용하는 한국어 학습 방법은 무엇입니까? 보기 와 같이 이야기하십시오.

보기

저는 한국말 발음이 **정확하지** 않아서 가끔 사람들이 제 말을 이해하지 못했어요. 그래서 교과서를 **반복해서** 읽거나 제 발음을 휴대 전화 앱으로 녹음해서 어떤 발음이 틀렸는지 확인했어요. 또 드라마 대사를 큰 소리로 따라 하기도 했어요. 그렇게 **꾸준히** 연습을 하다 보니까 발음이 전보다 정확해졌어요.

1 -을/ㄹ 게 아니라

- 친구들에게 여러 고민이 있습니다. 보기 와 같이 이야기하십시오.

보기 혼자서 춤 연습을 하는데 실력이 늘지 않아요.

① 이가 아파서 진통제를 먹고 있어요.

② 저는 스트레스가 쌓이면 단 음식을 많이 먹어요.

③ 제가 친구에게 문자를 계속 보냈는데 며칠 동안 답이 없어요.

④ 저는 주말 내내 집에서 나가지 않고 텔레비전만 봐요.

⑤ 밥을 계속 밖에서 사 먹었더니 생활비가 부족해요.

보기 춤 동아리에 가입한다.
① 빨리 병원에 가 본다.
② 산책이나 운동을 한다.
③ 직접 찾아가 본다.
④ 친구와 만나서 논다.
⑤ 집에서 요리를 한다.

보기

존 요즘 혼자서 춤 연습을 하는데 실력이 늘지 않아요.

하늘 혼자서 춤 연습을 **할 게 아니라** 춤 동아리에 가입해서 여러 사람과 같이 연습하는 건 어때요?

2 -기에는

- 윤아 씨가 노라 씨에게 필요한 물건이 있는지 묻고 있습니다. 보기 와 같이 이야기 하십시오.

보기

윤아 노라 씨, 이 가방이 필요하시면 쓸래요?

노라 예쁘긴 한데 학교에 **들고 다니기에는** 좀 화려한 것 같아요.

연습해 봅시다

- 에릭 씨는 우진 씨와 같이 6시 반에 친구를 만나기로 했습니다. 다음 상황에서 어떤 방법이 좋을까요? 보기 와 같이 이야기하십시오.

보기 오후 5시 30분

1 오후 6시 20분

2

보기

에릭 6시까지 이 일을 끝낼 수 있을까요?

우진 6시까지 **끝내기에는** 일이 많아요. 그러니까 혼자 **할 게 아니라** 같이 하는 게 좋겠어요.

복습

1 알맞은 단어를 골라서 (　　) 안에 쓰십시오.

매체　수준　효과적　관련되다　의존하다　꾸준히　서서히　우연히

존　지금까지 듣기를 연습하려고 텔레비전을 자주 봤어요. 그런데 이해가 안 될 때마다 자막을 봐서 그런지 공부가 안 됐어요. 그런데 어제 ① (　　　　　) 라디오 방송을 들었는데 듣다 보니까 재미도 있고 잘 들렸어요.

우진　라디오는 이해하기 어렵지 않았어요?

존　제가 듣기에 ② (　　　　　)이/가 조금 높긴 했지만 어제는 우리나라와 ③ (　　　　　)는/은/ㄴ 이야기가 나와서 재미있었어요.

우진　라디오는 자막이 없어서 불편하지요?

존　네, 하지만 계속 들으면 ④ (　　　　　) 익숙해질 것 같아요. 요즘은 텔레비전을 볼 때도 자막에 ⑤ (　　　　　)지 않으려고 해요.

우진　외국어는 책으로만 공부하는 것보다 라디오나 텔레비전 같은 ⑥ (　　　　　)으로/로 공부하는 게 ⑦ (　　　　　)일 수 있어요. 그리고 매일 ⑧ (　　　　　) 공부하는 것도 중요하고요.

2 다음 문법을 사용하여 대화를 완성하십시오.

어찌나 -는지　-도록　-기에는　-을 게 아니라

윤아　노라 씨, 주말에 뭘 했어요? 피곤해 보여요.

노라　지난 주말에 한국 드라마 '미스터 썬'을 봤어요. ① ＿＿＿＿＿＿ (재미있다) 주말 내내 그 드라마만 반복해서 봤어요.

윤아　저도 그 드라마를 봤어요. 한국 역사를 모르는 외국인이 ② ＿＿＿＿＿＿ (보다) 내용이 어려울 것 같은데 노라 씨는 드라마 내용을 이해할 수 있었어요?

노라　아니요. 그래서 한국 역사를 공부하려고 책을 한 권 빌렸어요.

윤아　한국 사람도 책으로 역사를 공부하는 게 힘든데 어려운 책을 ③ ＿＿＿＿＿＿ (읽다) 다큐멘터리를 한 편 보는 것은 어때요? 외국인도 쉽게 ④ ＿＿＿＿＿＿ (이해할 수 있다) 자막을 넣은 다큐멘터리도 있어요.

노라　좋은 방법이네요. 이번 주말에 다큐멘터리를 찾아서 봐야겠어요.

3과

성격과 환경

01 성격

대화 어휘 무표정, 예전, 꼼꼼하다, 내성적이다, 덜렁거리다, 울먹거리다, 활발하다

확장 어휘 느긋하다, 소극적이다, 수동적이다, 적극적이다, 주도적이다

문법 -었던 것 같다

-더니[1]

02 환경의 영향

대화 어휘 불평, 영향, 이기적, 정, 평생, 소심하다, 타고나다

확장 어휘 긍정적이다, 냉정하다, 다정하다, 대범하다, 모나다, 못되다, 부정적이다, 원만하다

문법 -는다고 해서[2]

처럼

MP3 / 05

1. 성격

- 위 그림의 사람들은 어떤 성격인 것 같습니까?
- 여러분은 어렸을 때의 성격과 지금의 성격이 다릅니까? 다르다면 어떻게 다릅니까?

윤아 한아야, 이것 좀 봐. 우리가 예전에 부산으로 여행을 갔을 때 같이 찍었던 사진이야. 그때 내가 기차에 점퍼를 놓고 내려서 엄마가 고생하셨는데…….

한아 아, 맞다. 기억나. 언니가 기차역 밖에서 점퍼가 없다고 하면서 울먹거렸잖아.

윤아 어렸을 때 나는 너무 덜렁거려서 물건을 자주 잃어버렸는데 너는 참 꼼꼼했던 것 같아.

한아 사진을 보니까 언니는 활짝 웃고 있는데 난 무표정이네.

윤아 넌 어렸을 때는 말이 별로 없고 내성적이더니 언제부터인가 사람들과 활발하게 잘 어울렸어.

한아 옛날 사진을 보면서 얘기하니까 참 좋다. 이번 휴가 때 엄마 아빠를 모시고 부산으로 다시 여행을 갈까?

예전 울먹거리다 덜렁거리다 꼼꼼하다 무표정 내성적이다 활발하다

어휘

성격과 행동1

느긋하다	급하다
내성적이다	활발하다
소극적이다	적극적이다
수동적이다	주도적이다
꼼꼼하다	덜렁거리다

• 다음을 읽고 보기 와 같이 빈칸을 채우십시오.

시율이는 처음 만나는 사람과도 쉽게 가까워지고 밖에서 활동하는 것을 재미있어한다.	민지는 회의 시간에 다른 사람 앞에서 자기의 의견을 잘 말하지 않는다.
보기 (활발하다)	① ( )
준희는 무슨 일이든지 해 보려고 하고 열심히 한다.	도현이는 낯을 가리고 부끄러워해서 사람들을 쉽게 사귀지 못한다.
② ( )	③ ( )
우신이는 일을 할 때 항상 여유를 가지고 천천히 한다.	채은이는 다른 사람이 시키지 않아도 스스로 한다.
④ ( )	⑤ ( )

• 여러분은 어떤 사람입니까? 위의 어휘를 사용하여 보기 와 같이 자신의 성격을 이야기하십시오.

보기

저는 새로운 일을 좋아해요. 그래서 회사에서 새로운 일을 계획할 때 제 생각을 많이 말해요. 이런 **적극적인** 성격 때문에 다양한 경험을 해 봤어요. 그렇지만 가끔 **덜렁거려서** **꼼꼼하게** 일을 하지 못할 때도 있어요.

1 -었던/았던/였던 것 같다

- 주앙 씨는 어렸을 때 한국에 온 적이 있습니다. 주앙 씨가 어렸을 때의 한국은 지금의 한국과 어떻게 달랐을까요? 보기 와 같이 이야기하십시오.

보기 서울 지하철이 몇 호선까지 있었어요?

1. 제일 큰 지폐가 얼마짜리였어요?
2. 그때도 인천 공항이 있었어요?
3. 제일 높은 건물은 뭐였어요?
4. 버스 전용 차로가 있었어요?
5. 서울에 외국인이 많았어요?

보기

노라 주앙 씨가 어렸을 때는 서울 지하철이 몇 호선까지 있었어요?

주앙 7호선까지 **있었던 것 같아요**.

2 -더니[1]

- 우진 씨가 여행을 다녀왔습니다. 그림을 보고 여행을 가기 전과 지금 어떻게 달라졌는지 보기 와 같이 이야기하십시오.

여행을 갈 때

여행에서 돌아올 때

보기 친구와 같이 왔네.

1. 머리가 많이 자랐네.
2. 살이 많이 빠졌네.
3. 얼굴이 많이 탔네.
4. 짐이 많아졌네.
5. 헌 신발이 됐네.

보기

우진 씨가 여행을 갈 때는 혼자 **가더니** 돌아올 때는 친구와 같이 왔어요.

연습해 봅시다

• 하늘 씨 친구들의 현재 모습입니다. 예전과 어떻게 달라졌는지 보기 와 같이 이야기하십시오.

	친구	친구들에 대한 하늘 씨의 기억	친구들이 한 일	친구들의 변화
보기	리타오	운동을 싫어했다.	3개월 전부터 친구와 같이 테니스를 쳤다.	운동을 열심히 한다.
1	유키	내성적이었다.	1년 동안 식당에서 아르바이트를 했다.	처음 만난 사람들과도 말을 잘하게 되었다.
2	제임스	요리를 못했다.	요리 학원에 다녔다.	

보기

하늘 리타오 씨가 운동을 **싫어했던 것 같은데** 이제 운동을 열심히 하네.

주앙 그러게. 리타오 씨가 예전에는 운동을 **싫어하더니** 친구와 같이 테니스를 치기 시작하면서 운동을 열심히 하게 되었나 봐.

MP3 / 06

2. 환경의 영향

- 환경에 따라 성격이 바뀔 수 있다고 생각합니까? 바뀔 수 없다고 생각합니까?
- 여러분은 지금의 성격을 바꾸고 싶습니까? 바꾸고 싶다면 어떻게 바꾸고 싶습니까?

하늘 그동안 나는 환경이 달라진다고 해서 성격이 바뀌는 것이 아니라고 생각했는데 성격이 바뀌는 사람도 있나 봐.

주혁 타고난 성격은 평생 바뀌기 힘들다고 하던데 주변에 성격이 바뀐 사람이 있어?

하늘 응, 오늘 만난 친구가 어렸을 때는 이기적이고 불평도 많이 했는데 점점 작은 일에도 감사하는 마음을 가지고 살게 되었대.

주혁 그래? 그 친구의 성격이 바뀐 계기가 있었대?

하늘 응, 고등학교 때부터 부모님과 떨어져 살면서 부모님의 소중함도 느끼게 됐고 정이 많은 친구들에게서 좋은 영향을 받았대.

주혁 네 친구처럼 성격을 바꿀 수 있다면 나는 소심한 성격을 고치고 싶어.

타고나다 평생 이기적 불평 정 영향 소심하다

성격과 행동2

- 모나다
- 못되다
- 냉정하다
- 부정적이다
- 소심하다
- 원만하다
- 착하다
- 다정하다
- 긍정적이다
- 대범하다

● 다음을 읽고 보기 와 같이 빈칸을 채우십시오.

희주는 양보도 잘 하고 다른 사람이 힘들어하는 것을 보면 그냥 지나가지 않고 도와준다.	태준이는 사람들을 좋아하고 정이 많아서 다른 사람들을 잘 챙긴다.
보기 (착하다)	① ( )
시우는 누구와도 큰 문제없이 잘 지낸다.	시언이는 무슨 일이든지 항상 좋게 생각하려고 노력한다.
② ( )	③ ( )
석훈이는 중요한 일이 아니어도 이것저것 많이 생각하며 조심을 많이 한다.	율희는 작은 일은 크게 걱정하거나 고민하지 않고 어려운 일도 한번 해 보려고 한다.
④ ( )	⑤ ( )

● 여러분의 성격이 바뀌게 된 계기가 있었습니까? 보기 와 같이 이야기하십시오.

보기

저는 어렸을 때 **소심한** 편이어서 어떤 일을 할 때 '잘 되지 않으면 어떻게 하지?' 하면서 걱정부터 했어요. 그런데 고등학교 때 기숙사 생활도 하고 다양한 경험도 하면서 새로운 일도 걱정하지 않고 한번 해 보려고 하는 등 전보다는 **대범하게** 바뀐 것 같아요.

1 -는다고/ㄴ다고/다고 해서[2]

• 흐엉 씨와 리타오 씨는 서로 생각이 다릅니다. 보기 와 같이 이야기하십시오.

보기 머리가 좋은 사람은 공부를 잘 한다.
1. 단어만 열심히 외우면 한국어를 잘할 수 있다.
2. 회사에서 일만 열심히 하면 승진할 수 있다.
3. 돈을 많이 모으려면 은행에 저축을 해야 한다.
4. 외국어를 잘하면 좋은 회사에 들어갈 수 있다.
5. 실력이 있는 사람은 반드시 성공한다.

- 노력하는 사람이 공부를 더 잘한다.
- 단어를 문장으로 활용하는 연습도 해야 된다.
- 일도 중요하지만 인간관계도 중요하다.
- 저축만 하면 큰돈을 모을 수는 없다.
- 외국어도 중요하겠지만 전공, 경험 등 다른 중요한 것도 많다.
- 실력도 중요하지만 노력이 더 중요하다.

보기

흐엉 머리가 좋은 사람은 공부를 잘할 거예요.

리타오 머리가 **좋다고 해서** 모두 공부를 잘하는 것은 아니에요. 머리가 좋은 사람보다 노력하는 사람이 공부를 더 잘해요.

2 처럼

• 존 씨의 친구들은 다른 사람들의 영향으로 꿈을 갖게 되었습니다. 보기 와 같이 이야기하십시오.

보기

존 에릭 씨의 꿈은 뭐예요?

에릭 저는 **부장님처럼** 다른 사람들에게 존경을 받는 사람이 되고 싶어요.

연습해 봅시다

- 민수가 다른 친구들을 부러워하고 있습니다. 보기 와 같이 이야기하십시오.

	친구	민수가 부럽다고 느끼는 점
보기	제임스	돈이 많아서 행복할 것 같다.
①	노라	큰 집에 살아서 편할 것 같다.
②	에릭	영어를 잘하면 외국 친구들을 쉽게 사귈 것 같다.

보기

민수 나도 **제임스처럼** 돈이 많았으면 좋겠어. 돈이 많으면 행복할 것 같아.

윤아 돈이 **많다고 해서** 다 행복한 건 아니야. 돈이 많아도 사랑하는 가족이 없거나 건강이 나쁘면 행복하지 않아.

복습

1 알맞은 단어를 골라서 (　　) 안에 쓰십시오.

영향　　꼼꼼하다　　내성적이다　　활발하다

과장 유성 씨는 모든 일을 ❶ (　　　　　)게 잘하니까 일을 맡기면 불안하지 않아.

유성 감사합니다. 이렇게 과장님께 칭찬을 들으니까 기분이 좋습니다.

동료 유성 씨는 성격이 밝고 ❷ (　　　　　)어서/아서/여서 ❸ (　　　　　)는/은/ㄴ 다른 직원들에게 도 좋은 ❹ (　　　　　)을/를 주는 것 같아요. 그래서 회사 분위기도 좋아졌고요.

불평　　대범하다　　소심하다　　타고나다

지수 저 영화 속 주인공은 너무 ❺ (　　　　　)는/은/ㄴ 것 같아. 기분 나쁜 일이 있어도 다른 사람이 화를 낼까 봐 걱정을 하면서 ❻ (　　　　　)을/를 하지도 못하고 혼자서 힘들어하잖아.

시우 맞아. ❼ (　　　　　)는/은/ㄴ 사람은 걱정을 많이 하지 않고 자기가 하려고 하는 일을 하는데 저 사람은 그렇지 못한 것 같아.

지수 ❽ (　　　　　)는/은/ㄴ 성격은 어른이 되어서도 잘 바뀌지 않나 봐.

2 다음 문법을 사용하여 대화를 완성하십시오.

-었던 것 같다　　-더니　　-는다고 해서　　처럼

지형 민수가 어렸을 때는 많이 ❶ ＿＿＿＿＿＿ (덜렁거리다) 지금은 꼼꼼해졌어.

태우 맞아. 예전에는 덜렁거리는 성격 때문에 물건도 많이 잃어버리고 실수도 많이 ❷ ＿＿＿＿＿＿ (하다) 그런데 지금은 전혀 그렇지 않아.

지형 나도 저렇게 ❸ ＿＿＿＿＿＿ (민수) 성격을 바꿨으면 좋겠는데 노력하면 바꿀 수 있을까?

태우 ❹ ＿＿＿＿＿＿ (노력하다) 성격이 쉽게 바뀌지는 않겠지만 그래도 지금보다는 나아지겠지?

4과

나의 진로

01 진로 고민

대화 어휘 담당자, 박람회, 부담, 일거양득, 진로, 시도하다, 게다가

확장 어휘 다재다능, 상부상조, 우왕좌왕, 우유부단, 유비무환, 작심삼일, 전화위복

문법 -고 보니까

-을 텐데

02 취업 박람회

대화 어휘 답변, 영업, 자격, 지원자, 쪽, 대하다

확장 어휘 가치관, 근무지, 발전, 복지, 연봉

문법 -는지요?

-는 경우에

MP3 / 07

1. 진로 고민

- 여러분은 학교를 졸업하고 무엇을 할 계획입니까? 아직 결정하지 못했다면 그 이유는 무엇입니까?
- 취직 준비를 하려면 무엇부터 하는 것이 좋습니까?

예지 연구실에서 연구를 시작하고 보니까 내가 생각하던 것과 너무 달랐어. 게다가 대학교에 다닐 때에 비해서 학비 부담도 더 크게 느껴지고.

윤아 대학원 생활이 많이 힘들었구나. 그럼 공부를 그만둘 거야?

예지 고민 중이야. 그래서 내 적성에 대해 좀 더 알아보려고. 지난주에 학교 취업 정보 센터에 가서 적성 검사도 받고 상담도 받아 봤어.

윤아 잘했다. 다음 달쯤 취업 박람회가 열릴 텐데 거기에 가 보는 건 어때?

예지 그렇지 않아도 상담 선생님께서 안내해 주셨어. 거기에 가면 여러 가지 정보도 얻을 수 있고 궁금한 것을 회사 담당자에게 직접 물어볼 수도 있어서 일거양득이 될 거라고 하셨어.

윤아 그래, 진로를 정하기 전에 다양하게 시도해 보면서 자신이 원하는 게 뭔지 충분히 고민해 보는 게 좋겠어. 정말 공부를 그만둘지는 그 후에 결정하고.

게다가　부담　박람회　담당자　일거양득　진로　시도하다

유비무환
일거양득
작심삼일
전화위복
— 이다

상부상조
우왕좌왕
다재다능
우유부단
— 하다

● 보기 와 같이 빈칸을 채우십시오.

보기	요즘 취미로 춤을 배우는데 정말 좋다. 춤을 추면 스트레스도 풀리고 건강도 좋아지고 (일거양득이다)~~는다/ㄴ다/다~~.
1	리나 씨는 노래와 춤뿐만 아니라 다양한 악기도 연주할 수 있고 요리도 잘한다고 한다. 리나 씨는 참 ( )는/은/ㄴ 사람이다.
2	여행지에 눈이 너무 많이 와서 모든 교통편이 끊겼기 때문에 그곳을 떠날 수 없게 됐다. 하지만 하루 더 묵으면서 눈이 쌓인 아름다운 경치를 즐길 수 있게 돼서 오히려 ( )었다/았다/였다.
3	다른 역에서 사고가 나서 지하철이 언제 올지 모른다고 하는 안내 방송을 듣고 사람들이 모두 어떻게 해야 할지 몰라서 ( )었다/았다/였다.
4	형은 새해가 시작될 때마다 담배를 끊겠다고 약속하지만 금방 다시 담배를 피운다. 올해 초에도 형은 금연을 하겠다고 했지만 결국 ( )었다/았다/였다.
5	내 동생은 무슨 일이든지 쉽게 결정을 하지 못하는 성격이다. 동생의 ( )는/은/ㄴ 모습을 보고 있으면 항상 답답하다.
6	나중에 큰 병에 걸릴 때를 생각해서 보험에 가입했다. ( )는다고/ㄴ다고/다고 하는 말처럼 미리 준비했기 때문에 병에 걸려도 병원비 걱정을 하지 않아도 될 것이다.
7	나는 도움을 서로 주고받는 친구들이 있어서 한국 생활이 힘들지 않다. 크고 작은 일들이 생기면 그 친구들과 ( )으면서/면서 해결한다.

● 위의 어휘를 사용하여 자신의 경험을 보기 와 같이 이야기하십시오.

보기

새해가 됐으니까 운동을 시작해 보겠다고 결심했는데 이번에도 **작심삼일이었어요**. 지난주에 운동을 하러 세 번 갔다 왔는데 이번 주에는 운동을 하러 가지 않았거든요.

1 -고 보니까

- 에릭 씨가 모르고 실수한 일들입니다. 보기 와 같이 이야기하십시오.

보기 빵을 먹을 때

① 버스에서

② 길에서

③ 메일을 보낼 때

④ 식당에서

⑤ 책을 살 때

보기

빵을 **먹고 보니까** 날짜가 3일이나 지난 것이었어요.

2 -을/ㄹ 텐데

- 우진 씨와 친구들이 선배의 결혼식에서 축가를 부르게 되었습니다. 친구들의 제안에 대한 우진 씨의 생각을 보기 와 같이 이야기하십시오.

보기

아라 '두 사람'의 가사가 아름다우니까 그 노래를 부르자.

우진 그 노래는 우리가 부르기에는 **어려울 텐데** 다른 노래를 찾아보자.

연습해 봅시다

● 보기 와 같이 이야기하십시오.

	하늘이 들은 이야기	리타오의 생각	하늘의 생각
보기	리타오가 인터넷으로 주문하고 오랫동안 기다리던 옷이 도착했다.	받은 옷이 내가 주문한 옷이 아니었다.	옷을 교환할 수 있는 기간이 정해져 있을 것 같다.
1	리타오가 배낭여행을 간다.	가방을 다 쌌는데 생각보다 짐이 많다.	짐이 너무 많으면 가방이 무거울 것이다.
2	이번에 리타오가 어학당 행사에서 사회를 보게 됐다.	사회를 맡기 전에는 준비해야 할 것이 이렇게 많을 줄 몰랐다.	

보기

하늘 리타오 씨, 오랫동안 기다리던 옷이 도착했다면서요?

리타오 네, 그런데 옷을 **받고 보니까** 제가 주문한 옷이 아니었어요.

하늘 교환할 수 있는 기간이 정해져 **있을 텐데** 빨리 알아보고 교환하세요.

2. 취업 박람회

- 여러분 나라에서는 취업에 대한 정보를 보통 어디에서 얻습니까?
- 여러분은 어떤 직업을 가지고 싶습니까? 그 직업을 갖기 위해서는 무엇을 준비해야 합니까?

담당자 어서 오세요. 반갑습니다. 저희 회사에 대해 알고 계시는지요?

예지 네, 평소에 관심이 많았던 회사인데 마침 취업 박람회에 부스가 보여서 이렇게 방문하게 되었습니다. 저는 해외 영업 쪽 일을 하고 싶은데 입사에 필요한 자격이나 조건이 있습니까?

담당자 해외 영업은 외국 고객들을 대하는 일이기 때문에 외국어 실력을 갖춘 지원자가 유리합니다.

예지 외국어 시험 성적표가 없는 경우에는 지원할 수 없나요?

담당자 성적표가 없어도 지원하실 수 있습니다. 하지만 이력서에 업무와 관련된 자격증이나 인턴 경험을 자세하게 써 주시면 좋습니다.

예지 네, 알겠습니다. 답변을 자세히 해 주셔서 감사합니다.

영업 쪽 자격 대하다 지원자 답변

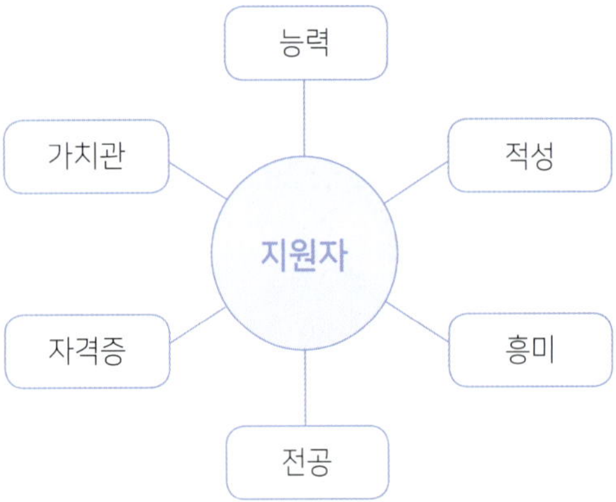

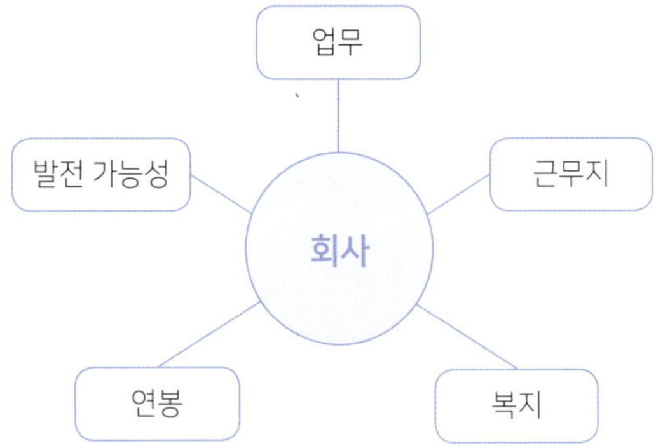

• 보기 와 같이 빈칸을 채우십시오.

능력 있는 여러분을 모십니다!

안녕하십니까?
저희 회사는 고객들이 편리하게 인터넷을 이용할 수 있도록
항상 노력하고 있습니다. 저희 회사에서 함께 일하실 분을 찾습니다.

보기 담당 (업무): 프로그래머
지원 자격 : 고등학교 졸업 이상
프로그램 언어 2가지 이상 사용 가능자
업무 관련 경험이나 ❶ (　　　　　)이/가 있으면 유리함.
❷ (　　　　　): 서울 강남구
❸ (　　　　　): 　　　　　 원 이상
❹ 직원 (　　　　　): 4대 보험, 주 5일 근무, 출퇴근 시간 자유, 야근 식비 등

* 면접일에 업무 능력 확인을 위한 시험을 볼 수도 있음.

• 여러분은 취업할 때 무슨 조건이 중요하다고 생각합니까? 왜 그렇게 생각하는지 보기 와 같이 이야기하십시오.

보기

저는 취업할 때 가장 중요한 것이 **적성**이라고 생각해요. **연봉**이 많아도 제가 잘 할 수 없는 일이라면 즐겁게 일할 수 없을 것 같아요. 그리고 경험을 쌓으면서 오래 일하고 싶기 때문에 회사의 **발전 가능성**도 저에게는 아주 중요해요.

1 -는지요/은지요/ㄴ지요?

• 다음은 유키 씨가 보낸 업무 이메일입니다. 아래 표현들을 사용하여 보기 와 같이 문장을 완성하십시오.

가능하다　　확인해 줄 수 있다　　괜찮다　　기억하다　　보내다　　좋다

인터뷰를 부탁드립니다 (일본신문 사토 유키)

eunyoung.lee@hngku.ac.kr

인터뷰를 부탁드립니다(일본신문 사토 유키)

이은영 교수님께

교수님, 안녕하세요? 저는 일본신문 기자 사토 유키라고 합니다. 작년에 글을 하나 부탁드린 적이 있는데 보기 기억하시는지요?

교수님을 찾아뵙고 인터뷰를 하고 싶은데 ① ____________ 한국의 진로 교육에 대한 내용이고 1시간 정도 걸릴 것 같습니다. 선생님께서 편하신 시간과 장소를 알려 주시면 찾아뵙겠습니다. 인터뷰를 하게 된다면 언제 어디로 찾아뵙는 것이 ② ____________ 답장 부탁드립니다. 감사합니다.

사토 유키 드림.

기사 내용 확인을 부탁드립니다(일본신문 사토 유키)

eunyoung.lee@hngku.ac.kr

기사 내용 확인을 부탁드립니다(일본신문 사토 유키)

이은영 교수님께

교수님, 안녕하세요? 일본신문의 사토 유키입니다. 주말 잘 ③ ____________

교수님의 인터뷰 덕분에 기사를 잘 쓸 수 있었습니다. 정말 감사합니다.

기사를 내기 전에 교수님께서 기사 내용을 ④ ____________ 확인하신 후에 부족한 부분이 있다면 알려 주십시오.

그리고 제 동료 기자가 기사를 준비하고 있는데 교수님을 소개 받고 싶어 합니다. 제가 동료에게 교수님의 연락처를 전달해도 ⑤ ____________ 교수님의 답을 기다리겠습니다.

날씨가 많이 추워졌습니다. 감기 조심하십시오.

사토 유키 드림.

2 -는/은/ㄴ 경우에

- 다음은 어느 보험 회사의 여행자 보험을 소개하는 자료입니다. 자료를 보고 보기 와 같이 이야기하십시오.

상황	필요한 서류	돌려받는 돈
보기 여행지에서의 병원 진료	진단서, 병원비 영수증	병원비
① 카메라를 잃어버림.	여행지 경찰서의 확인서	최대 20만원
② 항공편이 취소됨.	항공편 취소 확인 서류, 사용한 식비 및 전화 통화료 영수증	사용한 비용 (최대 10만원)
③ 부친 짐이 늦게 도착함.	항공사의 확인 서류, 짐이 없는 동안 산 물건의 영수증	사용한 비용 (최대 20만원)
④ 여권을 잃어버림.	여행지 경찰서의 확인서, 대사관에서 받은 여행 증명서	여권을 다시 만드는 비용
⑤ 여행용 가방이 깨짐.	깨진 가방 사진, 가방 수리비 관련 서류	가방 수리비

보기

유키 여행지에서 병원에 **가는 경우에** 치료비를 받을 수 있습니까?

보험 회사 직원 네, 여행지의 병원에서 진료를 **받는 경우에** 진단서와 병원비 영수증을 보험 회사에 내면 병원비를 돌려 받으실 수 있습니다.

연습해 봅시다

- 라디오 건강 프로그램에서 진행자가 의사에게 독감에 대해 질문하고 있습니다. 보기 와 같이 이야기 하십시오.

진행자의 질문

- 병원에 가야 하는 상황
- 독감에 걸렸을 때의 증상과 이때 해야 할 일
- 환자 가족들이 해야 할 일

의사의 답변

	상황	해야 할 일
보기	증상이 나타나는데 감기인지 독감인지 확실하지 않다.	병원에 가야 함.
1	38도 이상의 열이 갑자기 나고 심한 몸살 증세가 있다.	독감일 수 있기 때문에 의사의 진찰이 필요함.
2	환자가 다른 가족과 같은 방을 쓴다.	환자는 방을 따로 쓰게 하고 물건도 다른 가족들과 따로 사용하도록 해야 함.

보기

진행자 환자가 언제 병원에 가야 **하는지요?**

의사 독감 증상이 나타나는데 감기인지 독감인지 확실하지 **않은 경우에** 병원에 가야 합니다.

복습

1 알맞은 단어를 골라서 ( ) 안에 쓰십시오.

박람회 발전 영업 일거양득 진로 쪽 대하다 게다가

면접관 반갑습니다. 자기 소개를 해 보세요.

왕웨이 안녕하십니까? 왕웨이라고 합니다. 저는 경영학을 전공했습니다. 대학교에 다니는 동안 다양한 ❶( )에서 통역 아르바이트를 하면서 많은 사회 경험을 쌓았습니다. ❷ ( ) 조언을 구할 만한 분들도 많이 알게 되어서 ❸( )이었다고/였다고 생각합니다.

면접관 통역 아르바이트를 했다고 하셨는데 왜 ❹( ) 부서에 지원하셨습니까?

왕웨이 취업을 준비하면서 저의 ❺( )에 대해 많이 생각해 봤는데 적극적인 제 성격과 영업 ❻( ) 일이 잘 맞을 것 같습니다. 영업을 하면서 고객을 가장 가까이에서 만날 수 있고 제 노력의 결과가 회사의 ❼( )에 도움이 될 수 있다고 생각하기 때문에 한번 도전해 보고 싶습니다.

면접관 자신의 장점을 일에 어떻게 활용할 수 있다고 생각합니까?

왕웨이 저의 언어 능력과 활발한 성격, 그리고 박람회에서 많은 사람들을 ❽( )어/아/여 본 경험이 도움이 될 것이라고 생각합니다.

2 다음 문법을 사용하여 대화를 완성하십시오.

-고 보니까 -을 텐데 -는 경우에 -는지요?

박 노인 안녕하세요. 오랜만에 뵙습니다. 요즘 건강은 ❶ ______ (어떻다)

김 노인 그동안 괜찮았는데 어제 무거운 것을 들다가 허리를 좀 다쳤어요.

박 노인 아이고, 저도 그런 적이 있어요. 움직이기 많이 ❷ ______ (힘들다) 병원에 다녀오셨어요?

김 노인 심하게 아프지 않으면 병원에 잘 안 가는 편이에요. 집에 진통제가 있어서 그걸 먹었어요.

박 노인 조금이라도 아프면 바로 치료를 받으셔야 돼요. 진통제를 오래 ❸ ______ (드시다) 근육이나 심장에 문제가 생길 수 있다고 하니까 조심하시고요.

김 노인 ❹ ______ (듣다) 요즘 가끔 심장 쪽이 아팠는데 그게 진통제 때문일 수도 있겠네요. 빨리 병원에 가 봐야겠어요.

5과

생활 속의 경제

01 소비 형태

대화 어휘 수거료, 대여하다, 들이다[2], 아쉽다, 저렴하다, 포함되다

확장 어휘 고가, 공급, 생산, 수요, 저가, 구매하다

문법 -는걸요

-게요?

02 결제 방식

대화 어휘 가맹점, 시스템, 표시, 도입하다, 당분간, 이래저래

확장 어휘 선불, 할부, 후불, 지불하다, 가상 계좌 입금, 간편 결제

문법 -었어야 하다

-다가 보면

1. 소비 형태

- 여러분은 돈이 부족할 때 어디에 쓰려고 했던 돈을 제일 먼저 줄입니까?
- 여러분은 물건을 사지 않고 빌린 적이 있습니까? 왜 그렇게 했습니까?

영희 작은 방에서 같이 생활하다가 이렇게 각자 따로 쓸 수 있는 방이 생기니까 참 좋다.

윤아 그래. 그런데 거실에 가구가 없으니까 뭔가 좀 아쉬운걸. 거실에 소파하고 탁자를 놓을까?

영희 소파하고 탁자를 사게? 이 집에서 오래 살 것도 아닌데 그런 돈을 들일 필요가 있을까?

윤아 그럼 사지 말고 빌리는 건 어때? 가구를 대여하는 사이트를 본 적이 있는데 생각보다 저렴했어. 수거료도 포함되어 있었고.

영희 혹시 가구에 문제가 생기면 어떻게 해? 수리비가 더 들지 않을까?

윤아 처음 몇 개월은 무료로 수리를 해 주는 서비스가 있었던 것 같아. 어쨌든 우리 같이 인터넷으로 한번 알아보자.

아쉽다　들이다[2]　대여하다　저렴하다　수거료　포함되다

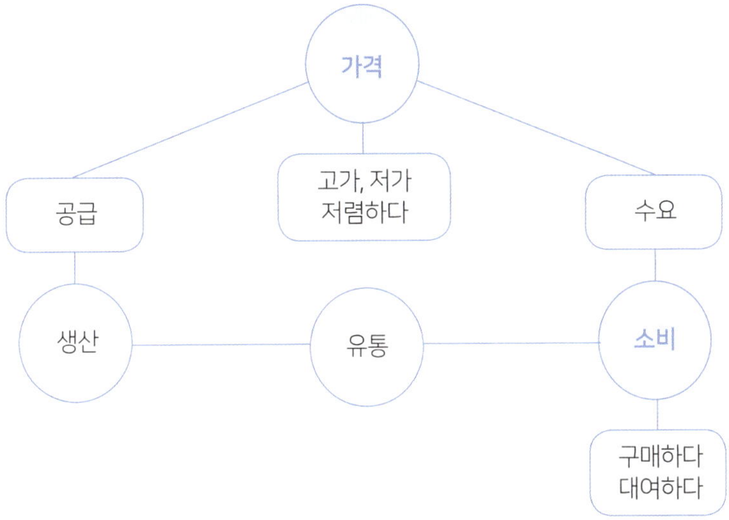

- 다음을 읽고 보기 와 같이 빈칸을 채우십시오.

경제	**[의미]** 사람들의 생활에 필요한 물건을 만들어서 소비자가 쓸 수 있게 하는 모든 과정을 말한다. 물건을 만드는 보기 (생산), 여러 과정을 거쳐 물건을 소비자의 손에 들어오게 하는 유통, 그리고 물건을 쓰는 소비, 이 모든 활동을 말하는 것이다.
가격	**[의미]** 상품의 가치를 돈으로 나타낸 것이다. 가격이 내리면 물건을 사려고 하는 ❶ (　　　　)은/는 늘고 팔려고 하는 ❷ (　　　　)은/는 준다.
소비 형태	**[의미]** 소비자들이 물건을 소비하는 모습을 가리키는 말이다. 값이 ❸ (　　　　)는/은/ㄴ 물건을 쓰는 소비 형태, 자신의 가치를 보여줄 수 있다면 ❹ (　　　　)의 상품을 사는 것을 전혀 아까워하지 않고 자신의 취미를 위해서는 돈을 아끼지 않는 소비 형태, 처음에는 물건을 ❺ (　　　　)지 않고 빌려서 쓰다가 그 물건을 사는 소비 형태 등 사람들의 소비 형태는 나라, 나이, 성별 등에 따라 다양하게 나타난다.

- 자신의 소비 형태에 대해서 보기 와 같이 이야기하십시오.

보기

저는 생활용품을 살 때는 **저렴한** 물건을 사는 편이지만 옷이나 신발 같은 것을 살 때는 값보다 질을 보고 **구매해요**. 그래서 필요하면 **고가**의 물건도 사는 편이에요.

문법

1 -는걸요/은걸요/ㄴ걸요

- 레오 씨와 주앙 씨가 함께 한국어를 공부할 때 쓸 교재에 대해서 이야기하고 있습니다. 보기 와 같이 이야기하십시오.

책		레오의 생각	주앙의 생각
	내용	보기 30% 정도 이미 배웠다. 다시 공부하면 재미없을 것 같다.	① 언어를 공부할 때는 복습이 중요하다. 도움이 될 거라고 생각한다.
	무게	② 두껍고 무겁다. 가지고 다니기 불편할 것 같다.	③ 두 권으로 나눌 수 있다. 한 권만 가지고 다니면 무겁지 않다.
	값	④ 값이 비싸다. 학교 교재보다도 비싸다.	⑤

보기

주앙 레오 씨, 우리 이 책으로 공부하면 아주 좋을 것 같아요. 한번 보세요.

레오 내용을 보니까 30% 정도는 이미 **배웠는걸요**. 또 공부하면 재미없을 것 같아요.

2 -게요?

• 가족들이 하려고 하는 행동을 보기 와 같이 이야기해 보십시오.

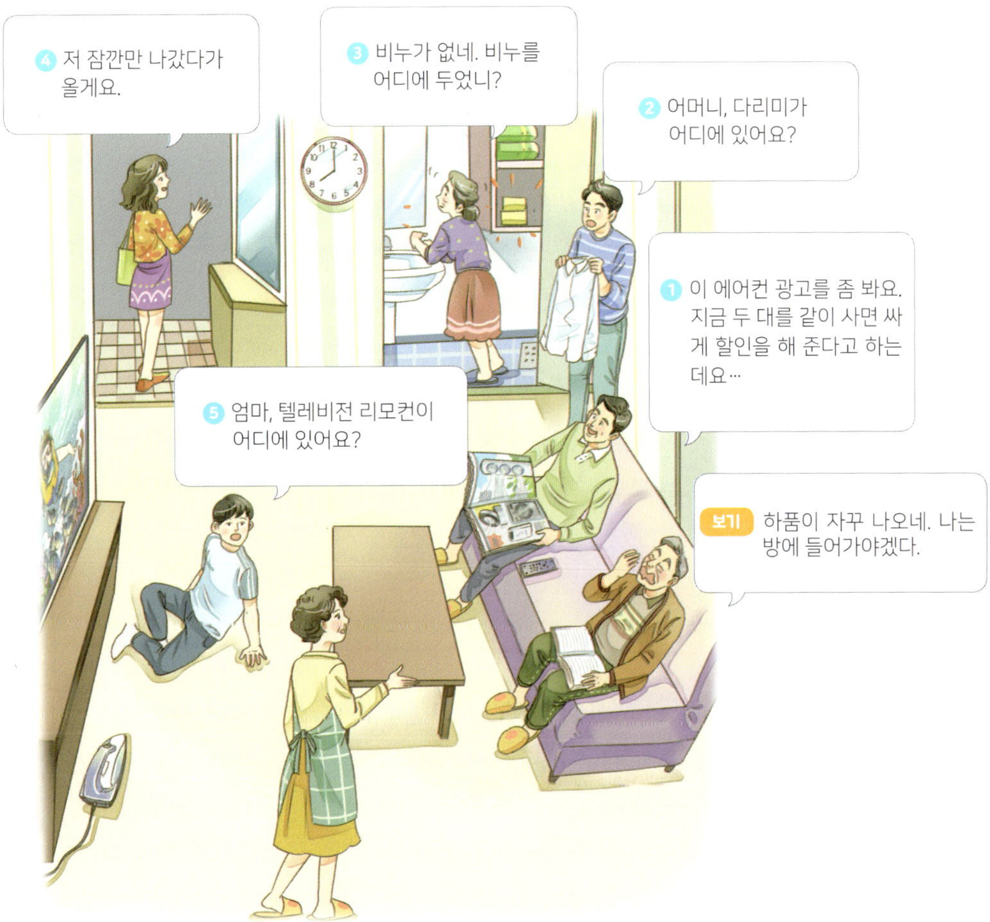

보기

할아버지 하품이 자꾸 나오네. 나는 방에 들어가야겠다.

어머니 지금 **주무시게요?**

연습해 봅시다

• 다음과 같은 상황에서 어떻게 말하겠습니까? 보기 와 같이 이야기하십시오.

	상황	주앙의 행동	레오의 제안
보기	밤 9시: 빨래가 너무 많이 쌓였다.		지금 세탁기를 돌리면 밤이라서 소리가 시끄럽다. 내일 아침에 돌리는 게 좋겠다.
①	집들이 음식 준비 중: 6명이 먹기에는 음식이 부족해 보인다.		음식을 만들 시간이 부족하다. 모자라면 음식을 배달시키는 게 좋겠다.
②	밤 10시: 저녁을 먹기는 했는데 배가 고프다.		

보기

주앙 빨래가 많이 쌓였네. 아무래도 안 되겠다. *(빨래를 세탁기 안에 넣는다.)*

레오 지금 세탁기를 **돌리게**? 지금 돌리면 밤이라서 소리가 **시끄러운걸**. 내일 아침에 돌리는 게 어때?

2. 결제 방식

- 해외여행을 가면 어떤 결제 방식을 많이 사용합니까?
- 여러분은 한국에 처음 왔을 때 어떻게 결제했습니까? 왜 그렇게 결제했습니까?

웨이 현금을 찾아 놓았어야 했는데 깜빡했어요.

에릭 웨이 씨는 현금을 많이 쓰시나 봐요. 저는 보통 휴대 전화 앱이나 체크카드를 이용하는데요.

웨이 네, 한국에 온 지 얼마 안 돼서 당분간 현금을 쓰면서 제가 돈을 얼마나 쓰는지 보려고요. 그런데 고향에서 현금을 잘 안 써서 그런지 돈을 찾는 것을 자꾸 잊어버려요.

에릭 그냥 휴대 전화 앱으로 결제하세요. 중국에서 사용하는 결제 시스템을 도입한 가게들이 많으니까요.

웨이 네, 오늘은 가맹점 표시가 있는 곳만 이용해야겠어요. 현금 자동 인출기가 보이면 바로 현금을 찾고요. 아직 한국 생활에 익숙하지 않아서 이래저래 불편한 점이 많은 것 같아요.

에릭 좀 더 지내다가 보면 익숙해지실 거예요.

당분간 시스템 도입하다 가맹점 표시 이래저래

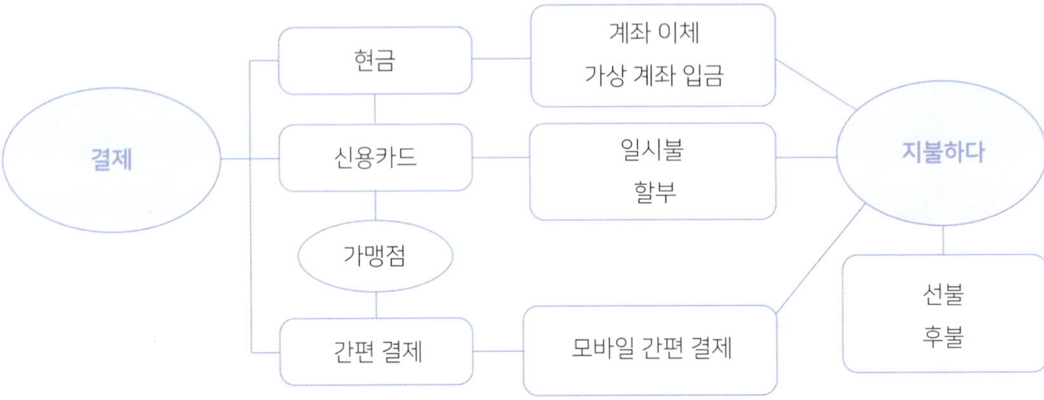

• 보기 와 같이 빈칸을 채우십시오.

돈을 보기 (지불하는)~~는/은/ㄴ~~ 여러 가지 방식		
돈을 내는 시기에 따라	상품을 받기 전 : ❶ (　　　　)	상품을 받은 후 : ❷ (　　　　)
돈을 나누어 내는지에 따라	나누어 내지 않는다 : 일시불	나누어 낸다 : ❸ (　　　　)

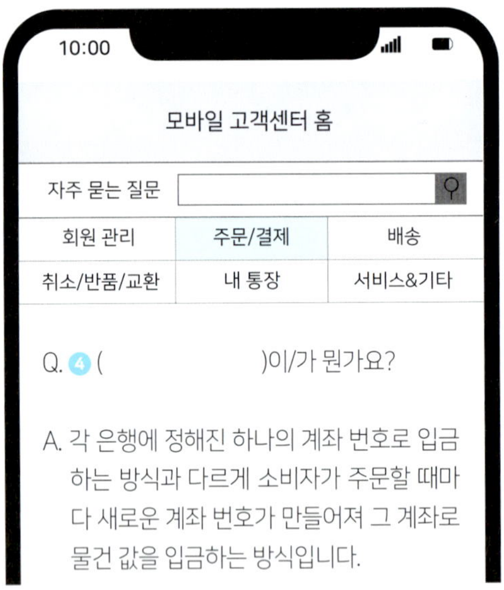

• 여러분 나라에 새롭게 생긴 결제 방식이 있습니까? 보기 와 같이 빈칸을 채우십시오.

보기

어떤 특별한 장갑으로도 **결제**를 할 수 있었어요. 지난 올림픽 때 경기를 구경하러 온 사람들이 그곳에서 이 장갑으로 결제했다고 들었어요. **선불** 교통카드처럼 먼저 돈을 충전해서 쓰는 것인데 단말기에 대기만 하면 바로 돈을 **지불할** 수 있대요. 행사 기념품도 될 수 있으니까 좋은 것 같아요.

1 -었어야/았어야/였어야 하다

• 다음 그림을 보고 보기 와 같이 이야기하십시오.

보기

❶

❷

❸

❹

❺

2 -다가 보면

• 한국에 유학 온 친구들이 어떤 점이 힘든지 이야기하고 있습니다. 보기 와 같이 이야기하십시오.

보기 한국 친구들을 사귀었으면 좋겠는데 제 성격이 내성적이어서 잘 사귀지 못해요.

① 반말하고 높임말을 잘 사용하지 못하고 실수할 때가 많아요.

② 혼자 생활하는 것이 처음이라서 돈 관리를 잘 못하겠어요.

③ 수업 시간에 교수님이 말하는 한국어를 잘 알아듣지 못하겠어요.

④ 저는 한국어를 배우려고 왔는데 한국 사람들은 저에게 자꾸 영어로 말을 걸어요. 한국어를 할 기회가 별로 없는 것 같아요.

⑤ 한국 음식이 입에 잘 맞지 않아요. 한국에는 매운 음식이 많은 것 같아요. 고향에서 매운 음식을 별로 먹어 본 적이 없어서 조금 힘들어요.

- 학교에서 하는 여러 가지 활동을 신청해서 해 보세요.
- 반말을 써도 되는 사람인지 아닌지 먼저 확인한 후에 말하는 연습을 해 보세요.
- 들어오고 나가는 돈을 적어 보세요.
- 교수님께 부탁을 드려서 강의를 녹음한 후에 계속 들어 보세요.
- 그 사람들과 친구가 되어 이야기를 많이 해 보세요.
- 여러 가지 다양한 한국 음식을 찾아서 드셔 보세요.

보기

흐엉 한국 친구들을 사귀었으면 좋겠는데 제 성격이 내성적이어서 잘 사귀지 못해요.

윤아 흐엉 씨, 학교에서 하는 여러 가지 활동을 신청해서 해 보세요. 활동을 **하다가 보면** 좋은 친구를 사귈 수 있을 거예요.

연습해 봅시다

• 다음과 같은 상황에 있는 사람을 어떻게 위로하겠습니까? 보기 와 같이 이야기하십시오.

	친구들	상황	잘못한 점	위로
보기	주앙	국을 끓였는데 깊은 맛이 나지 않는다.	국을 오래 끓이지 않았다.	가끔 그렇게 잘 만들지 못할 때도 있다. 다음에는 잘 만들 수 있을 것이다.
1	존	요즘 너무 바빠서 어머니 생신을 깜빡 잊어버리고 말았다. 어머니께서 많이 섭섭해하셨다.	어머니 생신을 기억하지 못했다.	가끔 그렇게 중요한 일을 잊어버릴 때도 있다. 앞으로 어머니께 더 잘하면 된다.
2	우진	회의 때 나눈 이야기를 잘 기억하지 못해서 과장님께 혼이 났다.	회의 내용을 메모하지 않았다.	혼이 날 때도 있다. 일이 익숙해지면 괜찮아질 것이다.

보기

주앙 국을 좀 더 오래 **끓였어야 했는데** 오래 끓이지 않아서 깊은 맛이 나지 않아요.

레오 음식을 **만들다가 보면** 가끔 그렇게 잘 만들지 못할 때도 있어요. 다음에는 잘 만들 수 있을 거예요.

복습

1 알맞은 단어를 골라서 (   ) 안에 쓰십시오.

저가 표시 아쉽다 들이다 구매하다
저렴하다 포함되다 당분간 이래저래

정희 가구를 바꾸니까 분위기가 훨씬 좋아요.

윤서 그렇긴 한데 가구를 바꿀 때 벽지를 새로 하지 않은 것이 좀 ❶ (   )어요/아요/여요. 우리 벽지도 새로 할까요?

정희 가구를 사느라고 큰돈을 ❷ (   )은/ㄴ 지 얼마 안 됐는데 ❸ (   ) 그냥 지내요.

윤서 인터넷으로 ❹ (   )어서/아서/여서 우리가 직접 벽지를 붙이면 돈은 얼마 안 들 거예요.

정희 벽지를 새로 하려면 가구도 다시 치워야 하고 ❺ (   ) 불편한 점이 많아요. 도구도 따로 사야 하고요.

윤서 필요한 도구까지 ❻ (   )어/아/여 있는 상품도 있을 거예요. 우리 한번 알아봐요. 잘 찾아보면 값이 싼 ❼ (   ) 상품 중에도 질이 좋은 것이 있을 거예요.

정희 알았어요. 그럼 값도 좀 ❽ (   )고 품질 안전 ❾ (   )이/가 되어 있는 벽지를 찾아봐요. 그리고 가구를 치우려면 도움이 필요하니까 우리를 도와줄 수 있는 친구들이 있는지도 알아보고요.

2 다음 문법을 사용하여 대화를 완성하십시오.

-게요? -는걸요 -다가 보면 -었어야 하다

현수 물을 좀 더 넣어야 할 것 같아. 두 컵 정도 더 넣고 끓이자.

주앙 두 컵은 너무 ❶ ____________ 한 컵 정도면 충분할 거야. (10분 후)
맑다

국물이 너무 적다. 네 말을 ❷ ____________ 물이 어디 있지?
듣다

현수 지금 물을 ❸ ____________ 넣지 마. 지금 넣으면 더 이상해질 것 같아.
넣다

주앙 이대로 두면 너무 짤 것 같은데. 어휴! 이번 요리는 실패다.

현수 ❹ ____________ 음식이 맛있을 때도 있고 맛없을 때도 있어. 괜찮아.
요리하다

6과

의사소통과 표현

01 불평과 불만

대화 어휘 매너, 무시하다, 배려하다, 불쾌하다, 지나치다, 가만히

확장 어휘 갈등, 감정, 의사, 해소, 간섭하다, 겪다, 전달하다, 피하다

문법 까지

–더라고요

02 위로와 격려

대화 어휘 심정, 연속, 의욕, 따다, 딱, 분명히

확장 어휘 격려하다, 공감하다, 속상하다, 우울하다, 지치다

문법 –는지

–겠지요

1. 불평과 불만

- 사람들은 어떤 일이 있을 때 불평을 합니까?
- 여러분은 마음에 들지 않는 일이 있을 때 바로 표현하는 편입니까?

노라 아까 친구들을 만나서 카페에 갔는데 옆에 앉은 사람들이 기본적인 매너도 지키지 않아서 불쾌했어요.

윤아 무슨 일이 있었는데 그렇게 화가 났어요?

노라 지나치게 큰 소리로 전화를 하는 데다가 옆 자리에 짐까지 올려놓아서 다른 사람들이 앉지도 못했어요.

윤아 그래서 가만히 보고 있었어요?

노라 아니요. 통화하는 소리가 너무 크니까 소리를 좀 줄여 달라고 말했어요. 그런데 제 말을 무시하더라고요.

윤아 화가 날 만하네요. 여러 사람이 이용하는 곳인데 자기만 생각할 게 아니라 다른 사람도 배려해야지요.

매너　불쾌하다　지나치다　가만히　무시하다　배려하다

- 갈등을 겪다
  - 원인
    - 무시하다
    - 간섭하다
    - 생각이 다르다
  - 감정
    - 불쾌하다
    - 불편하다
    - 불만이 쌓이다
  - 해소 방법
    - 피하다
    - 불평하다
    - 대화하다
    - 의사를 전달하다

• 다음 상황에서 갈등이 생겼습니다. 보기 와 같이 빈칸을 채우십시오.

학교 생활	학교 행사 준비를 하는데 친구들이 내가 하는 말을 제대로 듣지 않고 보기 (무시했다)~~었다/았다/였다~~. 나도 열심히 준비했는데 친구들이 그렇게 무시를 하니까 ❶ ( )었다/았다/였다.
기숙사 생활	룸메이트가 내 사생활을 ❷ ( )는/은/ㄴ 일이 가끔 있다. 그런 일이 계속 반복되니까 점점 룸메이트에 대한 불만이 쌓였다. 내 생활에 간섭하지 말라고 분명히 ❸ ( )이야겠디/이야겠디/여야겠다.
직장 생활	요즘 직장 동료인 김 대리와 ❹ ( )고 있다. 회의 시간에 서로 일을 하는 방식이 달라서 목소리가 높아졌다. 회의 이후로 김 대리가 나를 봐도 못 본 척하년서 나를 ❺ ( )는/은/ㄴ 깃 같다.

• 다른 사람과의 관계에서 갈등이 생긴 적이 있습니까? 그때 어떻게 했습니까? 보기 와 같이 이야기하십시오.

보기

친구들과 팀 발표를 준비할 때 서로 생각이 달라서 **갈등을 겪은** 적이 있었어요. 저는 갈등이 생긴 상황을 **피하기보다는** 서로 **불편했던** 점을 이야기해서 갈등을 **해소하는** 것이 더 낫다고 생각했어요. 그래서 친구에게 불편했던 점을 솔직하게 이야기하고 친구의 이야기도 많이 들었어요.

1 까지

- 친구들을 더 힘들게 하는 상황이 생겼습니다. 보기 와 같이 이야기하십시오.

보기

기말 시험을
준비해야 해.

회사 면접시험도 있네.

1

컴퓨터가 고장 났네.

인터넷 연결도 안 돼.

2

엄마가 안 계셔서
가족들 저녁을 차려야 해.

조카도 챙겨야 해.

3

요즘 회사 일이
너무 많아.

고향 친구도 한국에
와 있어.

4

김 대리가 휴가여서
출근을 안 했어.

미선 씨도 아파서
회사에 못 온다고
하네.

5

친구들이 내 생일을
잊어버렸어.

가족들도 내 생일을
안 챙겨 주네.

보기

리타오 이번 주에 기말 시험이 있어서 시험 준비를 해야 하는데 회사 **면접시험까지** 있어서 정신이 없었어요.

2 -더라고요

• 부산 여행을 다녀온 존 씨에게 흐엉 씨가 여행에 대해 질문합니다. 보기 와 같이 이야기하십시오.

보기 휴가철이어서 부산으로 휴가 온 사람들이 많았지요?

① 외국인 관광객도 있었어요?

② 부산의 야경은 어땠어요?

③ 부산은 해산물 요리가 유명하다고 하던데 먹어 봤어요?

④ 영화에 나온 유명한 곳에도 가 봤어요?

⑤ 서울로 돌아올 때 길이 많이 막혔나요?

보기

흐엉 휴가철이어서 부산으로 휴가 온 사람들이 많았지요?

존 네, 부산으로 휴가를 온 사람들이 정말 **많더라고요**.

연습해 봅시다

- 생활 정보를 많이 아는 선배가 후배에게 정보를 알려 주고 있습니다. 보기 와 같이 이야기하십시오.

	후배가 경험한 일	선배가 알려준 정보
보기	놀이공원 매표소에서 표를 샀는데 표가 비쌌다.	인터넷으로 예매하면 • 입장료 할인을 받을 수 있다. • 음료를 무료로 받을 수 있다.
1	주말 저녁에 영화를 보러 갔는데 영화관이 복잡했다.	평일 아침에 영화를 보러 가면 • 영화관이 복잡하지 않다. • 영화표 값이 싸다.
2	학교 도서관에 공부하러 갔는데 열람실에 빈 좌석이 없었다.	도서관 앱을 활용하면 • 열람실에 빈 좌석이 있는지 알 수 있다. • 좌석 사용 시간 연장을 할 수 있다.

보기

후배 어제 놀이공원 매표소에서 표를 샀는데 표가 **비싸더라고요**.

선배 인터넷에서 예매하면 입장료 할인도 받을 수 있고 **음료까지** 무료로 받을 수 있으니까 다음에는 인터넷으로 예매해.

2. 위로와 격려

- 가족이나 친구가 힘들어할 때 사람들은 어떻게 합니까?
- 여러분이 힘들거나 실망했을 때 친구가 어떤 말을 해 주었습니까?

왕첸 지난달에 본 한국어 능력 시험 결과가 나왔는데 내가 실수를 했는지 생각보다 점수가 낮게 나왔어.

윤아 정말? 그래도 원하는 급을 땄지?

왕첸 아니, 딱 2점 차이로 4급을 못 땄어. 한 문제만 더 맞혔으면 분명히 4급을 받을 수 있었을 텐데 너무 아쉬워.

윤아 그래도 지금까지 열심히 공부했으니까 다음번에는 네가 원하는 급을 딸 수 있겠지.

왕첸 그런데 두 번이나 연속으로 실패하니까 공부할 의욕이 안 생겨. 그냥 포기하고 고향으로 돌아가고 싶은 심정이야.

윤아 무슨 소리야. 지금까지 열심히 했잖아. 다음에는 꼭 좋은 결과가 나올 테니까 너무 실망하지 말고 기운 내.

따다 딱 분명히 연속 의욕 심정

어휘

위로와 격려

- 마음 상태
  - 힘들다
  - 지치다
  - 우울하다
  - 속상하다
  - 실망하다
- 주변 사람들의 행동
  - 공감하다
  - 위로하다
  - 격려하다
  - 응원하다

• 다음을 읽고 보기 와 같이 빈칸을 채우십시오.

어머니께서 쓰러지셨다고 하는 소식을 듣고 힘들 때 친구가 옆에서 내 손을 잡아 줬다.	며칠 동안 열심히 보고서를 썼는데 좋은 점수를 받지 못했다.	이번 주 내내 회의 준비에 야근까지 했더니 기운이 하나도 없고 피곤하고 힘들다.
보기 (위로하다)	① ( )	② ( )

요즘 기분이 계속 안 좋고 아무것도 하고 싶지 않다.	사장님께서 프로젝트를 준비하는 우리 팀을 방문해서 수고한다고 말해 주셨다.	한국 사람과 말이 안 통해서 답답하다고 하니까 유학 경험이 있는 친구가 내 마음을 알 것 같다고 말했다.
③ ( )	④ ( )	⑤ ( )

• 힘든 일이 있을 때 누가 여러분에게 힘이 됐습니까? 보기 와 같이 이야기하십시오.

보기

저는 한국어도 열심히 공부하고 입학 서류도 다 준비했는데 대학교 입학시험에서 떨어졌어요. 그때 정말 **속상했어요**. 하지만 어머니께서 다음에는 좋은 결과를 얻을 수 있을 테니까 실망하지 말고 힘내라고 **격려해** 주셔서 다시 시작할 힘이 났어요.

1 -는지/은지/ㄴ지

• 하늘 씨 가족들의 행동을 보고 이유를 추측해서 보기 와 같이 이야기하십시오.

보기

하늘 씨가 수업에 **늦었는지** 서둘러서 나가요.

2 -겠지요

- 하늘 씨와 친구들이 발표를 준비하고 있습니다. 다음 질문에 하늘 씨는 어떻게 대답할까요? 보기 와 같이 이야기하십시오.

보기

노라 오늘 모임에 팀원들이 다 올까요?

하늘 모두 오늘 모임이 있는 것을 알고 있으니까 다 **오겠지요.**

연습해 봅시다

- 주앙 씨의 행동을 보고 흐엉 씨와 노라 씨가 이야기합니다. 보기 와 같이 이야기하십시오.

	주앙의 행동	흐엉이 추측한 이유	노라가 들은 것	노라의 추측
보기	며칠째 밤늦게까지 공부한다.	숙제가 많은 것 같다.	주앙 씨가 다음 수업 시간에 발표를 해야 한다.	발표를 하려면 준비할 것이 많다.
1	면접시험을 포기했다.	고향에 돌아가는 것 같다.	주앙 씨가 다른 회사에 합격했다.	이미 합격해서 면접을 볼 필요가 없다.
2	아파트를 구하고 있다.	원룸이 불편한 것 같다.	주앙 씨가 동생과 같이 살기로 했다.	

보기

흐엉 주앙 씨가 숙제가 **많은지** 며칠째 밤늦게까지 공부해요.
노라 주앙 씨가 다음 수업 시간에 발표를 해야 한대요.
흐엉 아, 그래서 바빴군요.
노라 발표를 하려면 준비할 게 **많겠지요**.

복습

1 알맞은 단어를 골라서 (　　) 안에 쓰십시오.

심정　　속상하다　　따다　　딱

윤아　나 지난주에 운전면허를 ❶ (　　　　　)었어/았어/였어. 그래서 주말에 처음 운전을 했는데 사람들이 내가 초보인지 ❷ (　　　　　) 알아보더라고.

주앙　맞아. 도로에서 운전하는 걸 보면 초보인지 알 수 있어. 그런데 목적지에는 잘 도착했어?

윤아　아니, 다른 차들 때문에 차선을 못 바꿔서 정말 고생했어. 그때를 생각하면 다시는 운전을 안 하고 싶은 ❸ (　　　　　)이야/야.

주앙　처음에는 다 그래. 점점 익숙해질 테니까 기운 내.

윤아　면허를 땄는데도 제대로 운전을 못해서 ❹ (　　　　　)었는데/았는데/였는데 네 말을 들으니까 좀 위로가 되네.

배려하다　　지나치다　　가만히　　연속

흐엉　왜 그렇게 화가 났어?

유키　같이 사는 친구가 나에게 말도 없이 사흘 ❺ (　　　　　)으로/로 친구를 데리고 왔어. 밤늦게까지 시끄럽게 해서 잠을 못 잤어. 한 번은 괜찮지만 사흘이나 친구를 데리고 와서 노는 건 좀 ❻ (　　　　　)는/은/ㄴ 거 아니야?

흐엉　그러게. 같이 살 때는 다른 사람도 ❼ (　　　　　)어야/아야/여야 하는데.

유키　내가 말을 안 하고 ❽ (　　　　　) 있으니까 계속 그렇게 하는 것 같아. 오늘은 가서 분명히 말해야겠어.

2 다음 문법을 사용하여 대화를 완성하십시오.

까지　　-더라고요　　-는지　　-겠지요

올리비아　어떻게 지내셨어요?

레오　날씨도 더운데 ❶ ＿＿＿＿＿ 고장이 나서 정말 힘들어요.
(에어컨)

올리비아　그래서 에어컨 수리는 받으셨어요?

레오　아니요. 에어컨 수리를 받으려고 하는 사람이 ❷ ＿＿＿＿＿ 수리를 받으려면 며칠
(많다)
❸ ＿＿＿＿＿
(기다려야 한다고 하다)

올리비아　그렇군요. 그럼 수리 예약은 하셨어요?

레오　네, 예약이 됐다고 하는 문자 메시지를 받았으니까 예약 날짜에 맞춰서 수리 기사님이 ❹ ＿＿＿＿＿
(오다)

7과

일상생활

01 공공질서

대화 어휘 목줄, 반려동물, 다가오다, 짖다, 책임지다, 마구, 몇몇, 오히려

확장 어휘 공공질서, 고성방가하다, 새치기하다, 무단 횡단하다, 신경을 쓰나

문법 -도록[2]

만이라도

02 맛집

대화 어휘 비결, 입소문, 최근, 고소하다, 꼽히다, 담백하다, 붐비다, 색다르다

확장 어휘 느끼하다, 매콤하다, 비리다, 새콤하다, 쌉쌀하다, 짭짤하다

문법 -길래

-던걸요

MP3 / 13

1. 공공질서

- 공공장소에서 지켜야 하는 질서에는 어떤 것이 있습니까?
- 여러분은 공공장소에서 예절을 지키지 않는 사람 때문에 불편했던 적이 있습니까?

에릭 주말에 새로 생긴 쇼핑몰에 다녀왔어요. 너무 넓어서 2시간이 넘도록 돌아다녔는데도 구경을 다 못했어요.

우진 그 쇼핑몰은 반려동물과 같이 다닐 수 있어서 인기가 많다면서요? 저도 강아지를 데리고 한번 가 보고 싶어요.

에릭 네. 수영장, 찜질방, 마트 등 여러 시설이 한곳에 다 있어서 재미있기는 했는데 돌아다닐 때 큰 개들이 가까이 다가와서 좀 무서웠어요.

우진 보통 개 주인이 책임지고 자기 개를 돌보지 않아요?

에릭 개들이 마구 짖기도 하고 몇몇 주인들은 개의 목줄을 길게 해 놓고 다니기도 해서 저는 좀 불편했어요. 주인들이 공공장소에서 조금만이라도 다른 사람을 배려했으면 좋겠어요.

우진 저는 반려동물과 같이 다닐 수 있는 장소가 생겨서 오히려 좋다고 생각했는데 아마 저도 에릭 씨와 같은 상황이었으면 불편하다고 느꼈을 거예요.

반려동물 다가오다 책임지다 마구 짖다 몇몇 목줄 오히려

공공장소

예절	금지
공공질서를 지키다 매너를 지키다 신경을 쓰다 책임지다	무단 횡단하다 새치기하다 고성방가하다 흡연하다

• 어떻게 하면 모든 사람이 공공장소를 안전하고 기분 좋게 즐길 수 있을까요? 보기 와 같이 표를 완성하십시오.

주말에 저는 친구들과 캠핑을 하러 한강 캠핑장에 갔어요. 캠핑장 근처에 횡단보도가 있었는데 횡단보도 앞에서 보기 **담배를 피우는 사람이 있었어요.** 횡단보도 앞에 아이들도 있었는데 그 사람이 담배를 피워서 기분이 안 좋았어요. 그러다가 신호가 바뀌어서 길을 건너는데 어떤 사람이 ① **횡단보도가 아닌 곳에서 길을 건넜어요.** 사고가 날까 봐 걱정이 되었어요. 캠핑장 입구에서 줄을 서서 입장권을 사려고 하는데 ② **갑자기 어떤 사람이 저희 앞으로 끼어들었어요.** 기분이 나빴지만 그냥 참았어요. 캠핑장에서 친구들과 바비큐도 해 먹으면서 즐거운 시간을 보냈어요. 밤이 되어서 자려고 하는데 그 시간에 옆 텐트에 사람들이 왔어요. 그런데 그 사람들이 ③ **술을 많이 마시고 너무 시끄럽게 떠들어서** 잠을 잘 수가 없었어요. 공공장소에서는 사람들이 예절을 지켰으면 좋겠어요.

	잘못된 행동	공공장소에서 지켜야 할 예절
보기	공공장소에서 흡연했다.	매너를 지켜야 한다.
①		
②		
③		

• 공공질서를 지켜서 기분 좋았던 경험이나 공공질서를 지키지 않아서 다른 사람에게 미안했던 경험을 보기 와 같이 이야기하십시오.

보기

놀이 공원에서 놀이기구를 타려고 줄을 서 있는데 앞쪽에 중학교 때 동창이 있어서 그 친구에게 인사를 하려고 갔어요. 그런데 동창 뒤에 있는 사람이 제가 **새치기했다고** 생각했는지 기분 나쁜 표정으로 제 얼굴을 봤어요. 친구와 계속 이야기를 하고 싶었지만 뒷사람이 **신경을 쓰는** 것 같아서 동창에게 다음에 다시 만나자고 말하고 제가 있었던 자리로 돌아갔어요.

문법

1 -도록[2]

- 에릭 씨의 이야기입니다. 그림을 보고 보기 와 같이 이야기하십시오.

보기

1

2

3

4

5

보기

에릭 씨는 어제 밤이 **새도록** 고향에서 온 친구와 이야기를 했어요.

2 만이라도

• 주앙이 2년 동안 한국에 살고 있습니다. 요즘에는 일이 많고 힘들어서 생각이 많습니다. 보기 와 같이 이야기하십시오.

보기 방학 내내 고향에 있었으면 좋겠다.

① 가족을 많이 보고싶다. 누군가 한국에 왔으면….

② 고향 음식을 먹고 싶다.

③ 집안일이 많이 밀렸네. 다른 사람이 해 줬으면 좋은데.

④ 아침마다 고향 커피를 마시고 싶다.

⑤ 일이 많아 잠을 많이 잘 수 없다. 푹 자고 싶은데.

일주일

동생

좋아하는 과자

방 청소

고향 커피의 향

한 시간

보기

저는 요즘 고향이 많이 그립습니다. **일주일만이라도** 고향에 갔다 왔으면 좋겠어요.

연습해 봅시다

• 다음은 에릭 씨의 이야기입니다. 에릭 씨의 생각을 보기 와 같이 이야기하십시오.

	상황	바라는 것
보기	회사 일이 많아서 요즘 매일 야근을 한다. 집에 돌아오면 거의 매일 12시가 넘는다.	일주일에 한 번은 야근하지 않고 일찍 퇴근하고 싶다.
❶	일주일 전쯤 출근할 때 730번 버스에서 마음에 드는 여자를 봤다. 그 후 일주일 이상 그 사람과 같은 버스를 탔는데 말도 한마디 못했다.	이름을 물어보고 싶은데 용기가 나지 않는다.
❷	요즘 허리와 발목이 아프다. 병원에 다닌 지 1달이 다 됐는데 별로 좋아지지 않았다. 허리도 아프지만 발목이 아프니까 걷기가 너무 힘들다.	

보기

회사 일이 많아서 요즘 매일 야근을 해요. 매일 12시가 **넘도록** 집에 들어가지 못해요. 일주일에 **한번만이라도** 야근을 하지 않고 일찍 퇴근을 했으면 좋겠어요.

2. 맛집

- 여러분은 맛집 정보를 어디에서 찾습니까?
- 여러분이 요즘 가 본 맛집이 있습니까? 그곳의 분위기와 음식 맛은 어땠습니까?

노라 지난 주말에 텔레비전에 나온 맛집에 갔다면서요?

흐엉 네, 텔레비전에도 소개되고 한국 친구들도 가 보라고 추천하길래 갔다 왔어요. 가게가 골목 안에 있는 데다가 가게가 좁았는데도 입소문이 나서 그런지 손님들로 많이 붐볐어요.

노라 음식 맛은 어땠어요? 텔레비전에 나온 사람들은 맛있다고 하면서 두 그릇씩 먹던데요.

흐엉 주인 할머니께서 음식을 만드시는 특별한 비결이 있는지 맛이 색다르던걸요. 고소하면서도 담백한 맛이었어요.

노라 흐엉 씨 이야기를 들으니까 빨리 가서 먹어 보고 싶어요.

흐엉 최근에 출판된 맛집 소개서에도 그 식당이 서울의 대표 맛집 중 하나로 꼽혔대요. 꼭 가 보세요. 후회하지 않을 거예요.

입소문 붐비다 비결 색다르다 고소하다 담백하다 최근 꼽히다

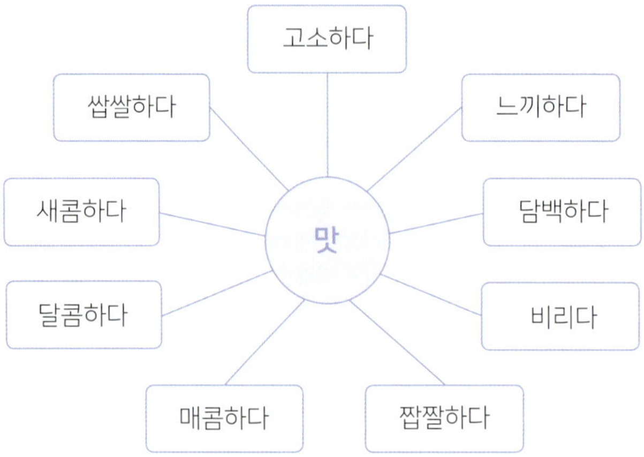

- 음식 맛과 관련된 어휘입니다. **보기** 와 같이 빈칸을 채우십시오.

참기름, 땅콩에서 나는 냄새가 참 좋아요.	버터에 볶은 옥수수에 마요네즈와 치즈를 뿌렸더니 너무 기름기가 많아요.	떡볶이는 매운데도 참 맛있어요.
보기 (고소하다)	❶ (　　　)	❷ (　　　)
요리를 하지 않은 생선에서 생선 냄새가 심해요.	레모네이드는 조금 시지만 달고 참 맛있어요.	인삼은 조금 쓴 맛이 있어요.
❸ (　　　)	❹ (　　　)	❺ (　　　)
감자튀김은 조금 짠데도 계속 먹고 싶은 맛이에요.		
❻ (　　　)		

- 여러분이 즐겨 먹는 음식은 무엇입니까? 그 음식은 맛이 어떻습니까? **보기** 와 같이 이야기하십시오.

보기

어떤 사람들은 기름이 별로 들어가지 않은 **담백한** 맛을 좋아하는데 저는 버터나 크림이 들어간 약간 **느끼한** 음식을 좋아해요. 그래서 크림소스가 들어간 파스타를 자주 먹어요. 기름기가 많아서 조금 느끼하기도 하지만 치즈를 뿌려 먹으면 **짭짤한** 맛도 나고 **새콤한** 피클과 같이 먹으면 정말 맛있어요.

1 -길래

• 존 씨는 마음이 따뜻한 사람입니다. 존이 되어서 보기 와 같이 이야기하십시오.

보기

골목길에 길을 잃은 강아지가 **있길래** 경찰서에 데리고 갔어요.

2 -던걸요

• 다음은 유키 씨가 여러 경험을 한 후 새롭게 알게 된 것들입니다. 보기 와 같이 이야기 하십시오.

	유키 씨가 한 경험	경험한 후에 알게 된 것
보기	봉사 활동	마음이 따뜻해진다.
1	잡채 만들기	손이 많이 가서 시간이 많이 걸린다.
2	언어 교환 친구와 처음 만남	친구가 친절하고 일본말을 꽤 잘한다.
3	동네 도서관 방문	외국인도 책을 빌릴 수 있다.
4	자전거 대여	이용하기가 편리하다.
5	전통 시장 구경	구경할 것도 많고 맛있는 것도 많다.

보기

에릭 유키 씨, 지난 주말에 봉사 활동을 해 보니까 어땠어요?

유키 다른 사람을 도와주니까 제 마음이 **따뜻해지던걸요**.

연습해 봅시다

• 올리비아 씨가 경험한 일입니다. 보기 와 같이 이야기하십시오.

	경험	결과
보기	여행사 홈페이지에 싼 여행 상품이 있는 것을 보고 예약한 후 여행을 다녀왔다.	생각보다 숙소가 깨끗하고 좋았다.
1	집 근처에 커피숍이 새로 문을 연 것을 보고 커피를 샀다.	커피 향도 좋고 맛도 좋았다.
2	친구가 모바일 간편 결제를 사용하면 편하다고 해서 모바일 간편 결제 앱을 쓰기 시작 했다.	

보기

올리비아 지난봄에 여행사 홈페이지에 싼 여행 상품이 **있길래** 예약한 후에 여행을 다녀 왔어요.

윤아 여행 상품은 어땠어요?

올리비아 생각보다 숙소가 깨끗하고 **좋던걸요**.

복습

1 알맞은 단어를 골라서 (　　) 안에 쓰십시오.

비결　입소문　꼽히다　담백하다　매콤하다　붐비다　책임지다　오히려

유키　한국에서 찜질방에 가 본 적이 있어요?

노라　네, 지난주에 친구와 친구 집 근처에 있는 찜질방에 가 봤어요.

유키　다음에 제가 가 본 곳도 같이 가요. 그곳은 음식이 맛있다고 ❶ (　　　　)이/가 나서 주말에 가면 사람들로 ❷ (　　　　)어요/아요/여요. 그리고 그곳 음식은 기름이 많이 들어가지 않아서 아주 ❸ (　　　　)고 맛있어요.

노라　한국 찜질방 음식은 정말 맛있지요. 땀을 흘리고 나서 뜨거운 국을 먹으면 국이 뜨거운 느낌이 들지 않고 ❹ (　　　　) 시원한 느낌이 들어요.

유키　한국 찜질방이 사람들이 좋아하는 장소로 ❺ (　　　　)게 된 성공 ❻ (　　　　)은/는 다양한 시설과 맛있는 음식들인 것 같아요.

노라　저도 찜질방에서 먹은 ❼ (　　　　)는/은/ㄴ 비빔국수의 맛을 잊을 수가 없어요. 그런데 찜질방에 갈 때 비싼 물건은 어떻게 해요?

유키　들어갈 때 맡길 수 있다고 해요. 맡기지 않은 물건은 ❽ (　　　　)지 않는다고 하니까 중요한 물건은 꼭 맡겨야 해요.

2 다음 문법을 사용하여 대화를 완성하십시오.

-도록　만이라도　-길래　-던걸요

준식　요즘 자전거를 타는 사람들이 많이 늘었어요.

리타오　맞아요. 길에서도 공원에서도 자전거를 타는 사람들이 많더라고요.

준식　지난주에 한강 공원에 갔는데 자전거를 ❶ ________ (빌려주는 곳이 있다) 오랜만에 자전거를 빌려서 탔어요. 그런데 날씨가 더워서 그런지 안전모나 무릎 보호대 같은 보호 장비를 하지 않은 사람들이 많았어요. 안전을 위해서 ❷ ________ (안전모) 꼭 쓰면 좋겠어요.

리타오　아마 ❸ ________ (땀이 나다) 운동을 하니까 안전모까지 쓰는 건 너무 힘들다고 생각하는 사람이 많은 것 같아요.

준식　부모들은 자기는 안전모를 쓰지 않으면서 아이들에게는 안전모를 ❹ ________ (쓰게 하다) 그런데 아이들만 챙기지 말고 어른들도 안전을 위해서 안전모를 잘 쓰면 좋겠어요.

8과

문제와 해결

01 고장과 수리

대화 어휘 세면대, 키, 교체하다, 부르다, 새다, 다 되다

확장 어휘 나가다, 낡다, 설치하다, 손보다, 금이 가다

문법 -는다 -는다 하는 것이

-는 수밖에 없다

02 이웃 간의 문제

대화 어휘 요청하다, 웬만하다, 쿵쿵거리다, 항의하다, 도대체, 종종

확장 어휘 손해, 피해, 끼치다, 따지다, 무책임하다, 요구하다, 위반하다, 저지르다

문법 -는 바람에

-어서야

1. 고장과 수리

MP3 / 15

- 집에 무슨 문제가 생길 수 있습니까?
- 여러분이 살고 있는 집에 문제가 생긴 적이 있습니까? 어떤 문제였습니까?

노라 안녕하세요. 304호에 사는 노라인데요. 현관문 번호 키가 고장이 났는지 작동하지 않아요.

집주인 고장이 아니라 건전지가 다 된 것일 수도 있어요. 우선 건전지를 교체해 보세요. 저도 노라 씨 집에 가서 한번 볼게요.

(잠시 후)

노라 바쁘실 텐데 와 주셔서 감사합니다. 현관문의 건전지를 교체하니까 작동이 잘 돼요.

집주인 다행이네요. 또 다른 불편한 것은 없어요?

노라 몇 주 전부터 세면대 아래에서 물이 새고 있어요. 안 그래도 연락을 드린다 드린다 하는 것이 시험 준비 때문에 바빠서 연락을 못 드렸어요.

집주인 세면대에서 물이 새는 문제는 수리 기사를 부르는 수밖에 없어요. 제가 수리 센터에 전화해 놓을 테니까 연락이 오면 노라 씨가 집에 있는 시간으로 약속을 잡으세요. 수리비는 제가 드릴게요.

키　다 되다　교체하다　세면대　새다　부르다

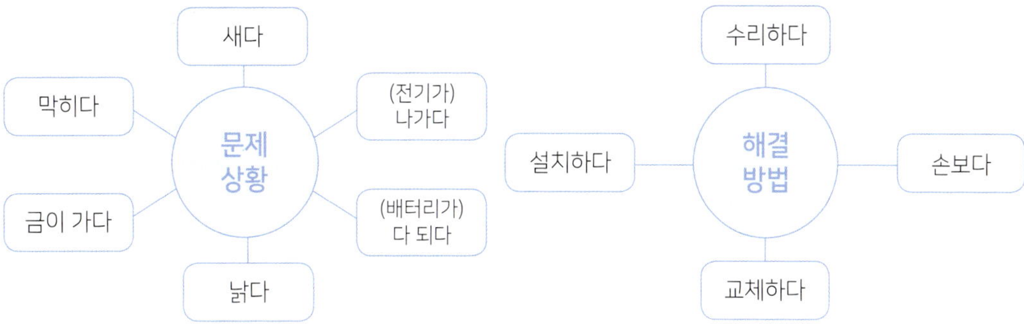

- 다음은 집수리 센터의 광고입니다. 보기 와 같이 빈칸을 채우십시오.

집에 문제가 있습니까?

집에 생긴 여러 가지 문제를 해결해 드립니다.

최선을 다해서 불편한 곳을 보기 (수리해)~~어/아/여~~ 드리겠습니다.

연락 주세요!

- 세면대나 변기가 막혀서 물이 내려가지 않습니까?
- 집의 전기가 갑자기 ❶ (   )었습니까/았습니까/였습니까?
- 유리창이나 벽에 ❷ (   )었습니까/았습니까/였습니까?
- 화장실이나 부엌에서 물이 ❸ (   )습니까/ㅂ니까?
- 집 안이 오래돼서 ❹ (   )는/은/ㄴ 것들을 새 것으로 ❺ (   )어야/아야/여야 합니까?

이 외에도 집에 문제가 있는 경우 전화해 주시면 친절하게 상담해 드리겠습니다.

두꺼비집 수리 센터 XXXX-XXXX

- 지금 사는 집에 손봐야 하는 곳이 있습니까? 어디를 어떻게 손봐야 하는지 보기 와 같이 이야기하십시오.

보기

저희 집은 지은 지 오래 돼서 여기저기 **낡은** 곳이 많아요. 창문이 잘 닫히지 않아서 밖에서 바람이 들어오고 유리창에 **금이 간** 곳도 있어요. 그리고 방에 있는 형광등 스위치가 깨져서 새 것으로 **교체해야** 해요.

문법

1 -는다/ㄴ다 -는다/ㄴ다 하는 것이

• 다음은 존 씨가 해야 할 일을 정리해 놓은 것입니다. 보기 와 같이 이야기하십시오.

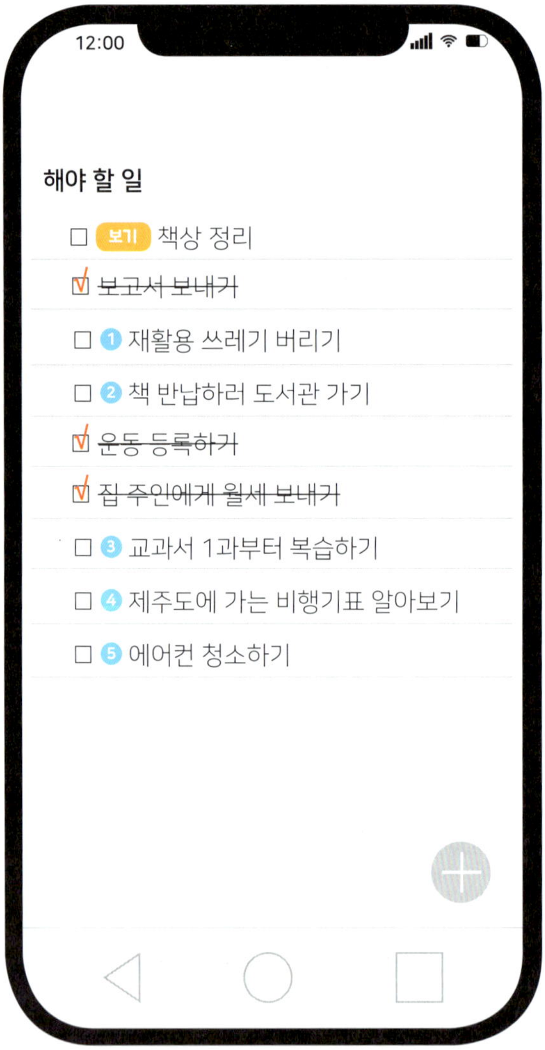

보기

주앙 책상 정리를 다 끝냈어요?

존 아니요, 정리를 **한다 한다 하는 것이** 시간이 없어서 못 하고 있어요.

2 -는 수밖에 없다

● 어느 날 아침 우진 씨가 경험한 일입니다. 보기 와 같이 이야기하십시오.

9시까지 출근하려면 지금 출발하지 않으면 안 되겠다.

보기 오전 6:00

운전을 하면 지각할 것 같다. 어쩔 수 없이 지하철을 타고 가야겠어.

① 오전 6:30

집에서 지하철역까지 가는 버스가 없으니까 걸어가야지 뭐.

② 오전 6:40

으아, 사람이 너무 많아서 타기 싫다. 하지만 이걸 안 타면 제시간에 회사에 갈 수 없으니까 타야겠지.

③ 오전 7:00

사람들한테 밀리지 않으려면 손잡이를 꽉 잡아야…….

④ 오전 7:30

문 앞으로 못 가서 내려야 하는 역에서 못 내리고 다음 역까지 왔네.

⑤ 오전 8:20

보기

갑자기 눈이 많이 와서 9시까지 출근하려면 일어나자마자 **출발하는 수밖에 없었어요**.

연습해 봅시다

- 리에가 유학 생활을 마치고 내일 고향으로 돌아갑니다. 보기 와 같이 이야기하십시오.

	리에가 하려고 한 일	하지 못한 이유	이 상황에서 할 수 있는 일
보기	짐 미리 싸기	바쁜 일이 많아서 아직 못 했다.	오늘 밤을 새워서 짐을 싼다.
1	쓰던 물건을 정리해서 물건이 필요한 친구들에게 나눠 주기	정리할 물건이 너무 많아서 할 수 없었다.	그냥 버린다.
2	가족들과 친구들에게 줄 선물 사기	시간이 없어서 아직 못 샀다.	

보기

주앙 짐을 다 쌌어요?

리에 아니요, 짐을 미리 싸려고 했는데 짐을 **싼다 싼다 하는 것이** 이것저것 바쁜 일이 많아서 아직까지 못 하고 있어요.

주앙 그럼 오늘 밤을 새워서 **짐을 싸는 수밖에 없겠네요**.

2. 이웃 간의 문제

- 이웃과 어떤 문제가 생길 수 있습니까?
- 이웃 때문에 불편을 겪은 적이 있습니까? 그 일을 어떻게 해결했습니까?

유키 안녕하세요. 505호에 사는 사람인데요. 얼마 전부터 위층에서 쿵쿵거리는 소리가 너무 심해서 윗집에 항의하고 싶어서요.

관리소 직원 605호는 지난달에 이사 온 집이군요. 많이 불편하신가요?

유키 네. 발소리도 너무 크고 바닥에 뭔가 떨어지는 소리도 종종 나요. 갑자기 큰 소리가 들리는 바람에 놀란 게 한두 번이 아니에요. 그 분들에게 좀 신경 써 달라고 요청해 주세요.

관리소 직원 그 집이 이사 온 지 얼마 안 돼서 아래층에서 소리가 얼마나 크게 들리는지 잘 모르는 것 같습니다.

유키 웬만하면 그냥 참고 지내려고 했는데 너무 심해서 도대체 참을 수가 없네요. 이렇게 시끄러워서야 어디 살 수 있겠어요?

관리소 직원 그동안 많이 불편하셨겠어요. 위층 분들께 말씀 전해 드리겠습니다.

쿵쿵거리다 항의하다 종종 요청하다 웬만하다 도대체

어휘

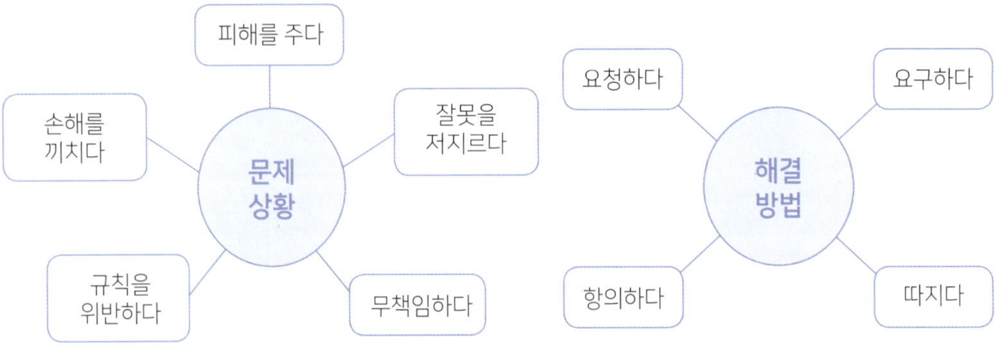

- 보기 와 같이 빈칸을 채우십시오.

보기	밤늦게 피아노를 치는 이웃이 있어서 관리실에 도움을 (요청했다)~~었다/았다/였다~~.
1	공공장소에서는 다른 사람에게 ( )으면/면 안 된다.
2	나의 실수 때문에 회사가 쓰지 않아도 될 큰 돈을 썼다. 나는 회사에 ( )었다/았다/였다.
3	우리는 어렸을 때부터 규칙이 필요함을 알고 ( )지 않도록 교육을 받았다.
4	이웃이 우리 개가 짖는 소리가 너무 시끄럽다고 ( )었다/았다/였다.
5	그 사람은 자신의 잘못을 책임지려고 하지 않는 ( )는/은/ㄴ 사람이다.
6	피해를 당한 사람이 피해를 준 사람에게 책임을 지라고 강하게 ( )었다/았다/였다.
7	경비실에 맡겨 달라고 부탁한 택배가 없어져서 택배 회사에 전화를 걸어서 어떻게 된 일인지 ( )었다/았다/였다.

- 여러분은 어렸을 때 잘못을 저지른 적이 있습니까? 보기 와 같이 이야기하십시오.

보기

초등학교 때 친구들과 공놀이를 하다가 다른 집 유리창을 깨뜨렸어요. 저는 혼날까 봐 무서워서 도망쳤어요. 그런데 제가 공놀이를 하던 곳에 자전거를 놓고 왔는데, 자전거에 쓰여진 주소를 보고 제가 유리창을 깬 집 아주머니가 우리 집에 찾아오셔서 깨진 유리 값을 **요구하셨어요**. 그때 저는 유리를 깨서 남에게 **피해를 준** 것보다 **잘못을 저지르고 무책임하게** 도망친 것 때문에 부모님께 크게 혼났어요.

1 -는 바람에

- 리타오 씨에게 오늘 하루 당황스러운 일들이 많이 일어났습니다. 보기 와 같이 이야기하십시오.

보기 오전 9:30

1 오전 10:00

2 오후 2:00

3 오후 5:00 오후 5:10

4 오전 0:50

5 오전 1:30

보기

알람이 **울리지 않는 바람에** 늦게 일어났어요.

2 -어서야/아서야/여서야

• 흐엉 씨의 상황을 보고 사람들이 무슨 말을 했을까요? 보기 와 같이 이야기하십시오.

보기

①

②

③

④

⑤

보기

흐엉 학교에 가야 되는데 오늘 감기가 너무 심해. 에취!

룸메이트 그렇게 감기가 **심해서야** 어디 학교에 갈 수 있겠어?

연습해 봅시다

- 우진 씨에게 오늘 생각하지 못한 일이 계속 생겼습니다. 보기 와 같이 이야기하십시오.

	우진에게 생긴 일	그 결과	그런 일이 생긴 원인	에릭의 생각
보기	아침에 버스가 세 대나 정류장에 서지 않고 지나갔다.	오늘도 택시로 출근했다.	그 버스는 자리가 다 차면 사람을 더 태우지 않는다.	계속 버스를 타면 제시간에 출근하기 힘들 것 같다.
1	오늘도 또 휴대 전화에 문제가 생겼다.	급한 연락을 못 받았다.	배터리가 충분한데도 자꾸 꺼진다.	그 휴대 전화를 계속 쓸 수 없을 것 같다.
2	여자 친구와의 약속을 또 깜빡했다.	여자 친구가 화가 많이 났다.	요즘 일이 많아서 약속을 자꾸 잊어버린다.	

보기

우진 아침에 버스가 세 대나 정류장에 서지 않고 **지나가는 바람에** 오늘도 택시로 출근했어요.

에릭 왜 버스가 서지 않았는데요?

우진 제가 타는 버스는 자리가 다 차면 사람을 더 태우지 않는데 앞 정류장에서 자리가 다 찼나 봐요.

에릭 그렇게 버스를 타기 **힘들어서야** 어디 제시간에 출근할 수 있겠어요? 다른 방법도 찾아 보는 게 어때요?

복습

1 알맞은 단어를 골라서 (　　) 안에 쓰십시오.

세면대　　피해　　교체하다　　부르다　　새다　　손보다　　요청하다　　웬만하다

아주머니, 안녕하세요. 304호에 사는 노라예요. 오늘 수리 기사님을 ❶ (　　　　　)어서/아서/여서 ❷ (　　　　　)을/를 고쳤어요.

처음 물이 ❸ (　　　　　)기 시작했을 때는 ❹ (　　　　　)으면/면 그냥 참고 지내려고 했어요. 그런데 어제 아주머니께서 불편한 점이 없냐고 물어봐 주셔서 말씀을 드리게 되었어요. 물이 새는 문제를 해결하지 않으면 아래층에 ❺ (　　　　　)을/를 줄 수도 있다고 하는 아주머니의 말씀을 들으니까 세면대를 하루라도 빨리 ❻ (　　　　　)어야겠다고/아야겠다고/여야겠다고 생각했어요.

그래서 기사님을 불렀는데 그 분이 세면대를 새로 ❼ (　　　　　)어야/아야/여야 한다고 해서 수리비가 꽤 많이 나왔어요. 수리 기사님이 아주머니께 수리비를 ❽ (　　　　　)겠다고 했는데 수리 센터에서 연락을 받으셨는지 모르겠어요. 항상 신경 써 주셔서 감사합니다.

2 다음 문법을 사용하여 대화를 완성하십시오.

-는다 -는다 하는 것이　　-는 수밖에 없다　　-는 바람에　　-어서야

웨이　급한 일이 ❶ ________ (생기다) 고향에 갔다 오느라고 내일까지 내야 하는 보고서를 못 썼어. 내가 내일까지 보고서를 쓸 수 있을까?

주앙　보고서 과제를 받은 게 몇 주 전이었잖아. 시간이 있을 때 미리 보고서를 쓰지.

웨이　나도 그러고 싶었는데 미리 ❷ ________ (쓰다) 계속 바빠서 못 썼어. 자료를 찾아놓기는 했는데 어떻게 써야 할지 정리가 안 돼서 시작도 못 하겠어.

주앙　시작하는 것도 이렇게 ❸ ________ (어려워하다) 어디 보고서를 제시간에 낼 수 있겠어?

웨이　내일까지 내야 하니까 그냥 오늘 밤을 ❹ ________ (새우다) 할 수 있는 데까지 해 봐야지.

주앙　그래, 힘들겠지만 최선을 다해서 써 봐. 열심히 하면 오늘 다 끝낼 수 있을 거야.

9과

정보화 사회

01 가짜 뉴스

대화 어휘 난리, 여부, 의심, 작업, 전문적, 가리다, 넘쳐나다, 전달되다

확장 어휘 분석하다, 삭제하다, 입력하다, 저장하다, 전송하다

문법 에 비해서

-을 수가 있어야지요

02 휴대 전화 사용 제한

대화 어휘 권리, 인권, 의견, 판단, 제한하다, 합의하다, 마음대로

확장 어휘 대립, 동의, 방안, 토론, 토의, 마련하다, 설득하다, 제시하다

문법 에 따르면

-는다고 보다

MP3 / 17

1. 가짜 뉴스

- 여러분은 믿을 만한 정보를 어디에서 어떻게 찾습니까?
- 최근에 들은 가짜 뉴스가 있습니까? 어떤 내용이었습니까?

윤아 가짜 뉴스 때문에 인터넷이 난리가 났네. 너도 봤지? 건강하게 잘 살고 있는 배우를 도대체 왜 죽었다고 했을까?

영희 그러게 말이야. 예전에 비해서 가짜 뉴스가 너무 많아졌어. 뭐가 맞고 뭐가 틀리는지 알 수가 있어야지.

윤아 맞아. 이제 사회 관계망 서비스(SNS)로 전달되는 뉴스는 의심부터 해야겠어.

영희 의심은 할 수 있지만 뉴스의 사실 여부를 가릴 수는 없잖아. 넘쳐나는 정보 양에 비해서 믿을 수 있는 정보가 적고, 어떤 정보가 나에게 필요한 정보인지 알기도 힘들어.

윤아 그렇기는 하지만 정보의 사실 여부를 가리는 작업은 꼭 필요한 것 같아.

영희 맞는 말이야. 미래에는 이런 일을 전문적으로 하는 곳이 있었으면 좋겠어.

난리 전달되다 의심 여부 가리다 넘쳐나다 작업 전문적

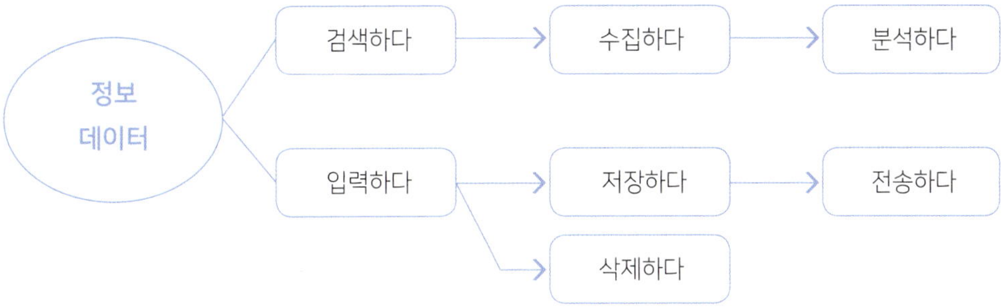

● 보기 와 같이 빈칸을 채우고 연결하십시오.

뜻	단어	문장
책이나 컴퓨터에서 목적에 따라 필요한 자료를 찾다	보기 검색하다	이 사건의 원인을 ( )는/은/ㄴ 결과가 아직 나오지 않았다.
내용이 복잡한 것을 풀어서 하나하나 밝히다	① ______	나는 인터넷으로 필요한 정보를 (검색해)어/아/여 봤지만 원하는 정보를 찾을 수 없었다.
물건이나 파일을 모아서 잘 넣어 두다	② ______	이 자료를 컴퓨터에 모두 ( )으려면/려면 일주일 이상 걸릴 것이다.
문자나 숫자를 컴퓨터와 같은 기계가 기억하게 하다	③ ______	컴퓨터가 고장 나서 그 안에 ( )어/아/여 놓은 파일들이 모두 없어졌다.
인터넷으로 글이나 사진, 파일 등을 보내다	④ ______	컴퓨터 안에 있는 필요 없는 데이터를 가끔씩 ( )는/은/ㄴ 것이 좋다.
없애거나 지워 버리다	⑤ ______	인터넷 연결이 끊어져서 파일을 ( )지 못했다.

● 여러분은 어떤 정보를 많이 검색합니까? 보기 와 같이 이야기하십시오.

보기

저는 외출하기 전에 먼저 오늘 날씨가 어떤지 **검색해요**. 그 다음에는 목적지까지 어떤 교통편을 이용할지 버스나 지하철이 몇 분 후에 오는지 찾아봐요. 그리고 목적지에 가는 동안에는 휴대 전화에 **저장해** 놓은 동영상을 보거나 인터넷에서 여러 가지 뉴스를 검색해 봐요.

1 에 비해서

● 하늘 씨가 누나를 소개하고 있습니다. 읽고 보기 와 같이 문장을 바꾸십시오.

피자를 들고 서 있는 이 사람은 제 누나예요. 보기 우리 누나는 나이가 33살이지만 사람들은 20살 정도로 생각해요. ① 나이는 많지만 하는 행동이 아이 같아요. 누나가 얼마 전에 오븐을 샀어요. ② 싼 값에 좋은 오븐을 아주 잘 산 것 같았어요. 누나가 그 오븐을 이용해서 피자를 만들겠다고 했어요. 누나는 요리를 배운 지 얼마 안 돼서 ③ 요리 실력이 좋지 않은데 어려운 음식을 만들겠다고 한 것 같았어요. 누나는 5시간 동안 만들었어요. ④ 시간을 많이 들여서 만들었으니까 양이 많을 줄 알았는데 2명이 먹기에도 부족할 것 같았어요. 누나는 맛에 대해서는 걱정하지 말라고 했어요. 요리 선생님이 자신의 요리 실력을 칭찬했다고 했어요. ⑤ 누나가 너무 자랑을 해서 맛있을 거라고 기대했지만 너무 맛이 없었어요.

보기

우리 누나는 **나이에 비해서** 어려 보여요.

2 -을/ㄹ 수가 있어야지요

- 가족들은 자신이 말한 대로 행동하지 않았습니다. 그 이유에 대해서 보기 와 같이 이야기하십시오.

보기 저녁 7:00

① 밤 10:00

② 저녁 8:00

③ 밤 12:00

④ 밤 11:30

⑤ 오전 10:30

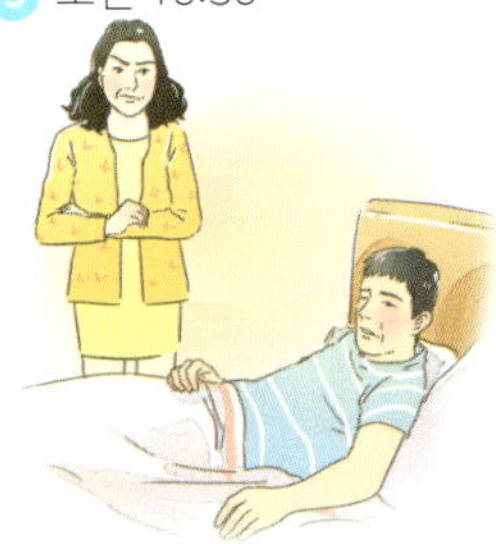

	질문	가족	말한 대로 하지 못한 이유
보기	저녁을 먹고 왔다면서? 또 먹으려고?	아들	내가 좋아하는 음식이 있다.
①	오늘은 게임을 안 할 거라고 했잖아. 그런데 지금 또 게임을 해?		친구들이 나도 같이 게임을 해야 한다고 했다.
②	저녁에는 드라마를 보지 않고 보고서를 쓸 거라고 했잖아.	딸	친구가 오늘 정말 재미있는 드라마가 시작된다고 했다.
③	오늘 일찍 자겠다고 하지 않았니? 아직도 안 자고 뭐 하고 있어?		내일까지 보고서를 내야 하는데 아까 드라마를 보느라고 쓰지 못했다.
④	오늘은 늦지 않을 거라고 했잖아요. 왜 이렇게 늦었어요?	남편	동료가 같이 식사하면서 자기 고민을 들어 달라고 부탁했다.
⑤	계속 잠만 잘 거예요? 이제 일어나야지요. 참, 오늘 친구들하고 등산을 갈 거라고 하지 않았어요?		어제 야근을 해서 몸이 무겁다.

보기

엄마 저녁을 먹고 왔다면서? 또 먹으려고?

아들 제가 좋아하는 음식이 있으니까 **안 먹을 수가 있어야지요**.

연습해 봅시다

- 에릭 씨가 여행을 가기 전에 그곳에 대한 여러 가지 정보를 알아보고 갔지만 실망스러웠습니다. 다음을 보고 보기 와 같이 이야기하십시오.

	장소	그곳을 이용한 이유	실망스러웠던 이유
보기	호텔	시설이 좋은 곳이다.	서비스가 좋지 않았다. 뭘 가져다 달라고 전화를 하면 바로 가지고 오지 않았다.
1	여행지	유명한 여행지로 소문이 난 곳이다.	별로 좋지 않았다. 가는 곳마다 사람이 많았다.
2	식당	맛집이라고 해서 기대한 곳이다.	음식이 맛없었다. 너무 맵고 짰다.

보기

유키 이번에 묵은 호텔은 어땠어요?

에릭 **시설에 비해서** 서비스가 좋지 않았어요. 뭘 가져다 달라고 전화를 하면 바로 가지고 오지 않아서 뭘 **할 수가 있어야지요**. 그 호텔은 추천할 만한 곳이 못 되는 것 같아요.

2. 휴대 전화 사용 제한

- 여러분은 어디에서 휴대 전화를 사용하면 안 된다고 생각합니까? 왜 그렇게 생각합니까?
- 초·중·고등학생들이 학교에서 휴대 전화를 사용해도 된다고 생각합니까? 왜 그렇게 생각합니까?

윤아 국가인권위원회의 판단에 따르면 학교에서 휴대 전화를 사용하지 못하게 하는 것은 학생의 인권과 관련된 문제래요. 그런데 학교에서 휴대 전화 사용을 제한하지 않으면 학생들이 수업 시간에 휴대 전화를 너무 많이 쓰지 않을까요?

하늘 글쎄요, 저는 학생들에게 휴대 전화를 쓸 권리가 있다고 하는 판단이 틀린 것은 아니라고 봐요.

윤아 그럼 하늘 씨는 이 판단에 찬성한다는 말이에요?

하늘 휴대 전화가 그렇게 나쁘기만 한 것은 아니에요. 정보화 시대에 맞춰 학습 도구로 사용할 수 있다고 하는 의견도 있어요.

윤아 그렇다고 해서 휴대 전화를 학생들 마음대로 사용하게 하면 안 되지요.

하늘 그렇지만 적어도 휴대 전화를 어디에서 어떻게 사용할지 학생들끼리 합의할 기회는 줘야 한다고 봐요.

판단 인권 제한하다 권리 의견 마음대로 합의하다

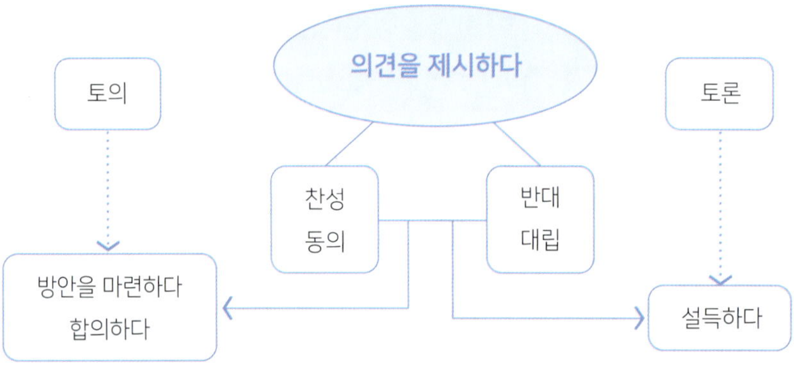

• 토론과 토의의 차이점을 설명한 글입니다. 보기 와 같이 빈칸을 채우십시오.

	보기 (토론)	❶ ( )
예(주제)	'학교에서 휴대 전화를 사용해도 되는가?'	'학교에서 휴대 전화를 사용할 때 어떻게 사용하는 것이 좋은가?'
의미와 목적	어떤 문제에 대해 찬성 팀과 반대 팀으로 나뉘어서 자신의 의견이 맞는다고 상대 팀을 ❷ ( )는/은/ㄴ 과정	문제를 해결할 수 있는 ❸ ( )고 이에 대해 ❹ ( )는/은/ㄴ 과정
특징	질문에 대한 대답이 '네', '아니요'로 나뉜다. 찬성팀과 반대팀 모두 상대팀에게 지지 않으려고 자신의 의견을 강하게 말한다. 두 팀으로 나뉘어서 의견을 교환하기 때문에 의견 ❻ ( )이/가 크다.	질문에 '네', '아니요'로 대답할 수 없다. 해결 방법에 대해 각각 자유롭게 ❺ ( )은/ㄴ 후에 의견을 교환한다. 토론처럼 의견 ❻ ( )이/가 크지 않다. 왜냐하면 문제를 해결하려고 하는 목표가 같기 때문이다.

• 교실에서는 한국어만 쓰자고 하는 의견에 대해 어떻게 생각하십니까? 보기 와 같이 자신의 의견을 이야기하십시오.

보기

저는 교실에서 한국어만 쓰자고 하는 의견에 **동의합니다**. 한국어를 배우려고 왔는데 영어나 자기 나라 말만 쓰면 여기에 와서 공부하는 의미가 없잖아요. 그래서 수업 시간뿐만 아니라 친구와 얘기할 때도 한국말을 쓰는 것에 **찬성합니다**.

1 에 따르면

• 다음은 인터넷 신문의 한 면입니다. 보기 와 같이 문장을 완성하십시오.

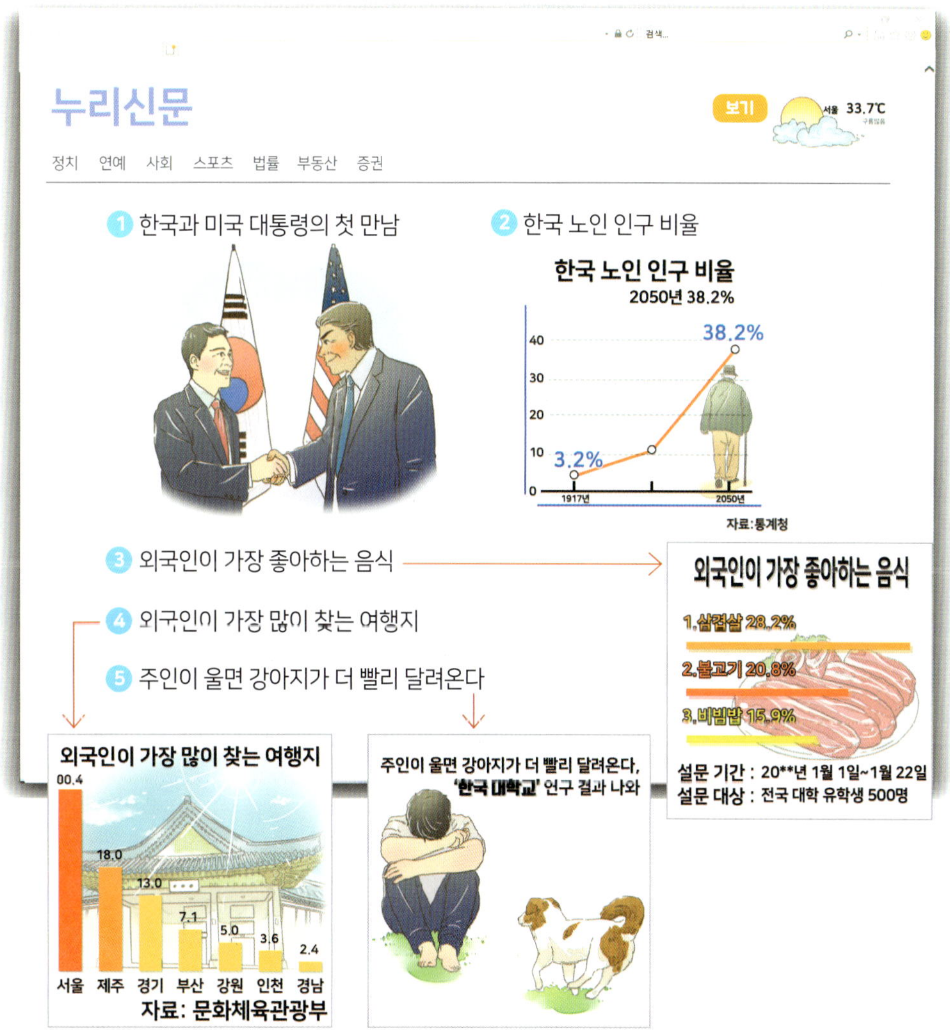

보기

일기 예보에 따르면 현재 서울 날씨는 구름이 많고 기온은 33.7도라고 합니다.

2 -는다고/ㄴ다고/다고 보다

- 기자가 아이 교육과 관련된 여러 가지 질문을 하고 있습니다. 보기 와 같이 이야기하십시오.

보기 어렸을 때 외국으로 유학을 가서 공부하는 것에 대해 어떻게 생각하십니까?

1. 일찍 가르칠수록 좋은 것은 뭐라고 생각하십니까?
2. 3~4살부터 한글을 가르치는 어머니들이 많은데요. 언제 가르치는 것이 좋다고 보십니까?
3. 요즘 아이들이 휴대 전화를 많이 사용하는데요. 이에 대해 어떻게 생각하십니까?
4. 요즘은 책보다 영상으로 지식을 얻는 아이들이 많습니다. 이에 대해 어떻게 생각하십니까?
5. 마지막으로, 아이들이 새로운 것을 생각하고 만드는 능력을 키우려면 어떻게 해야 한다고 보십니까?

보기

기자 어렸을 때 외국으로 유학을 가서 공부하는 것에 대해 어떻게 생각하십니까?

선생님 너무 어린 나이에 유학을 보내는 것은 아이에게 좋은 영향을 **주지 않는다고 봅니다**.

연습해 봅시다

• 주앙 씨, 리타오 씨, 노라 씨가 농구팀 '하나'와 '두리'의 마지막 경기에 대해서 이야기하고 있습니다. '하나'팀은 작년에 1등을 한 팀인데 이 경기를 이기면 올해도 1등을 하게 됩니다. 어느 팀이 이길까요? 보기 와 같이 이야기하십시오.

	친구들	정보
보기	주앙	스포츠 전문 기자 : 지난 대회에서 1등을 한 팀이 계속 이긴 적이 없다.
①	리타오	오늘 신문 기사 : 올해 '하나'는 60경기 중 42경기를 이겼고 '두리'는 60경기 중 38경기를 이겼다.
②	노라	경기 분석 자료 : 대회가 생긴 이후 10년 동안, '하나'와 '두리'가 한 경기 중 55%는 '하나'가 졌다.

보기

주앙 어느 스포츠 전문 **기자의 말에 따르면** 지난 대회에서 1등을 한 팀이 계속 이긴 적이 없다고 해요. 저는 '하나'가 지난 대회에 이어서 이번 대회에도 1등을 해서 이런 이야기가 앞으로 **없어질 거라고 보는데요**. 리타오 씨와 노라 씨는 이번 경기가 어떻게 될 거라고 생각하세요?

복습

1 알맞은 단어를 골라서 (   ) 안에 쓰십시오.

권리 여부 의심 판단 대립 전문적 가리다 합의하다

혼자 살면서 6년 동안 이사를 4번 했습니다. 처음 원룸을 구할 때는 인터넷에 있는 정보를 모두 믿었는데 몇 번 이사해 보니까 이제는 ❶ (   )부터 하게 됩니다. 집을 빌릴 계획이 있다면 인터넷 정보만 보고 ❷ (   )을/를 하지 말고 실제 집에 대한 정보와 인터넷에 있는 정보가 같은지 사실 ❸ (   )을/를 직접 확인해야 합니다.

계약을 할 때는 2년으로 계약하는 것이 좋습니다. 집을 빌린 사람은 그 기간 동안 그 집에 살 ❹ (   )이/가 있기 때문에 집 주인이 마음대로 월세를 올릴 수 없으니까요. 그리고 계약을 할 때는 집에 무슨 문제가 있는지 확인하고 어떻게 할지 집 주인과 ❺ (   )는/은/ㄴ 것이 좋습니다. 예전에 에어컨에서 물이 새서 집 주인에게 고쳐 달라고 한 적이 있었습니다. 그런데 집 주인은 제 잘못인지 아닌지 먼저 ❻ (   )어야/아야/여야 한다고 했습니다. 그때 집 주인과의 ❼ (   )으로/로 마음이 참 힘들었습니다. 그래서 이런 문제를 ❽ (   )으로/로 해결해 줄 수 있는 곳이 있으면 좋겠다고 생각했습니다.

2 다음 문법을 사용하여 대화를 완성하십시오.

에 비해서 에 따르면 -는다고 보다 -을 수가 있어야지요

[회의실]

김 과장 늦어서 죄송합니다. (*박 과장 옆 자리에 앉는다.*)

박 과장 (*작은 목소리로*) 왜 이렇게 늦었어요?

김 과장 (*작은 목소리로*) 영업 담당자의 보고가 늦어져서 회의 시간에 맞춰서 ❶ ______________
오다

부장님 김 과장님, 이번에 새로 나온 상품의 판매 상황부터 말씀해 주세요. 제가 보기에는 그동안 우리가 들인 ❷ ______________ 결과가 별로 좋아 보이지 않는데요.
노력

김 과장 하지만 영업 담당자의 ❸ ______________ 지난달보다 판매가 5% 늘었다고 합니다. 판매가
조사 결과
조금씩 늘고 있으니까 조금만 더 노력하면 상황은 점점 ❹ ______________
좋아질 것이다

10과

현대인의 모습

01 현대인과 일

대화 어휘 경쟁, 장시간, 효율적, 뒤떨어지다, 살아남다, 온종일

확장 어휘 성과, 현대인, 거두다, 깨지다, 올리다, 향하다

문법 만 아니면

-는 듯이

02 현대인의 소통 수단

대화 어휘 일부분, 채팅, 멀어지다, 부담스럽다, 선호하다, 흔하다, 굳이

확장 어휘 경쟁력, 긴장감, 사교성, 영향력, 책임감, 친밀감, 판단력, 편리성

문법 -는 법이다

-는다고 할 수 있다

1. 현대인과 일

직장인의 하루 평균 근로 시간

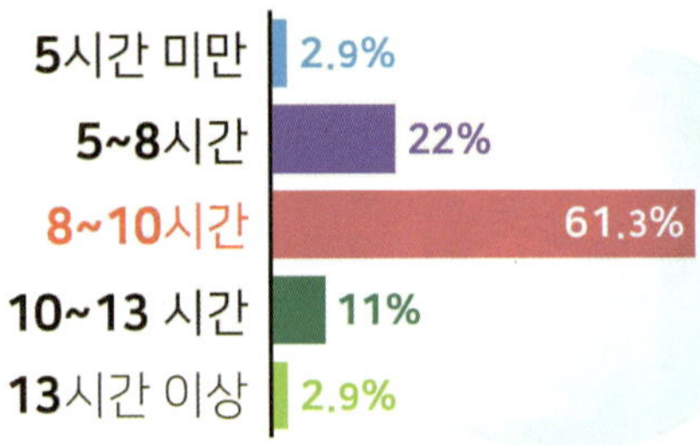

- 하루에 몇 시간 정도 일하는 것이 좋다고 생각합니까?
- 여러분은 일과 개인 생활 중에서 무엇이 더 중요하다고 생각합니까? 왜 그렇게 생각합니까?

올리비아 어제도 온종일 일만 했다면서요?

우진 네, 급한 일만 아니면 일찍 퇴근하려고 했는데 갑자기 일이 생겨서요.

올리비아 우진 씨는 일을 손에서 놓으면 무슨 큰일이라도 날 듯이 일을 못 놓으시네요.

우진 남들에게 뒤떨어지지 않고 경쟁에서 살아남아야 하니까 어쩔 수 없이 오래 일하게 되네요.

올리비아 그렇게 장시간 일하는 것보다 주어진 시간 내에 일을 마치고 자신만의 시간을 가지는 게 더 효율적이지 않아요?

우진 그렇긴 하지요. 요즘은 일과 생활의 균형을 잘 잡는 게 중요하다고들 하니까요. 그런데 전 그게 잘 안 돼요. 맡은 일을 늦게라도 끝내지 못하면 다른 일을 잘 못하거든요.

온종일 뒤떨어지다 경쟁 살아남다 장시간 효율적

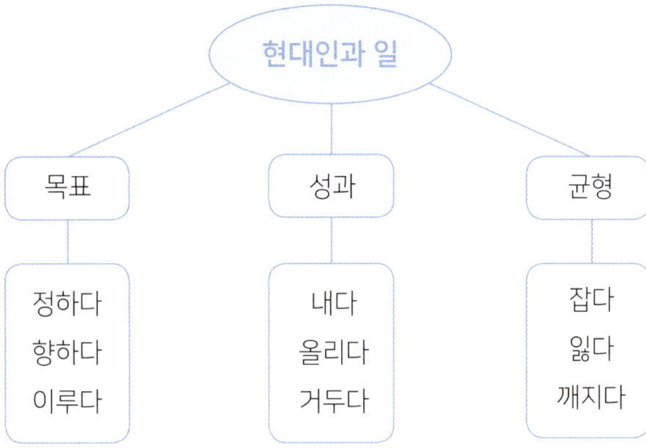

- 일에 대한 두 사람의 의견입니다. 보기 와 같이 빈칸을 채우십시오.

제 인생에서 일은 아주 중요합니다. 저는 일을 할 때 우선 보기 (목표를) 을/를 정하고 그 목표를 ① ( )어서/아서/여서 최선을 다해 달려갑니다. 그리고 저 같은 직장인에게 ② ( )은/는 아주 중요합니다. 업무에서 좋은 성과를 ③ ( )어야/아야/여야 회사에서 인정을 받을 수 있기 때문입니다.

저도 일이 중요하다고 생각해요. 하지만 경쟁이 심한 분위기에서는 일과 생활의 균형이 ④ ( )기 쉬워요. 일에 쫓기다 보면 자신이나 가족을 위한 시간보다 일을 더 중요하게 생각하게 될 때가 많으니까요. 그래서 무엇보다 일과 생활의 균형을 잃지 않도록 이 둘의 균형을 잘 ⑤ ( )어야/아야/여야 한다고 생각해요.

- 여러분에게 일하는 것은 어떤 의미가 있습니까? 보기 와 같이 이야기하십시오.

보기

자신의 **목표**를 **이루는** 것도 중요하고 직장에서 **성과**를 **올리는** 것도 필요합니다. 하지만 저는 행복해지기 위해서 일을 한다고 생각해요. 그래서 제 자신과 가족을 위한 시간을 포기하고 일만 하는 것은 좋지 않다고 생각해요. 그래서 저는 개인 생활과 일의 **균형**이 **깨지지** 않도록 노력하고 있어요.

문법

1 만 아니면

● 제임스 씨와 유리 씨가 점심시간에 대화를 나눕니다. 보기 와 같이 이야기하십시오.

보기 이번에 파리에 다녀왔다면서요? 이곳저곳 많이 구경했어요? — 출장으로 가서…….

1. 왜 요즘 차로 출근 안 하세요? — 기름 값이 올라서…….
2. 요즘 영어 공부를 열심히 하시네요. — 승진 시험이 있어서…….
3. 오늘 저녁에 삼겹살을 먹으러 갈 건데 같이 가실래요? — 내일 건강 검진이 있어서…….
4. 금요일 저녁에 팀원들과 같이 뮤지컬 보실래요? — 금요일에 영어 수업이 있어서…….
5. 점심시간이 안 끝났는데 벌써 사무실에 가세요? — 회의 준비를 해야 해서…….

보기

제임스 지난주에 파리에 다녀오셨다면서요? 이곳저곳 많이 구경했어요?

유리 아니요, **출장만 아니면** 여기저기 구경했을 거예요. 그런데 구경할 시간이 별로 없었어요.

2 -는/은/ㄴ 듯이

● 우진 씨의 이야기를 읽고 보기 와 같이 문장을 바꾸십시오.

이번 주 내내 35도가 넘는 무더위가 계속됐어요. 보기 **좁은 사무실 안은 사람들과 컴퓨터의 열기 때문에 답답해서 숨이 막힐 것 같아요.** 이런 날씨에 ① **계속 컴퓨터를 봤더니 눈이 아파서 빠질 것 같아요.** 그래서 두통도 심해졌어요. ② **두통 때문에 머리가 아파서 깨질 것 같아요.**

오랜만에 야외로 나오니까 ③ **마음이 가벼워서 날아갈 것 같아요.** 산 위에서 하늘을 보니까 ④ **구름이 가까이 있어서 손에 잡힐 것 같아요.** ⑤ **산 위에서 본 풍경이 아주 아름다워서 그림으로 그려 놓은 것 같아요.**

보기

좁은 사무실 안은 사람들과 컴퓨터의 열기 때문에 **숨이 막힐 듯이** 답답해요.

연습해 봅시다

● 보기 와 같이 이야기하십시오.

	노라의 행동	윤아의 생각	그런 행동을 한 이유
보기	지난 주말에 친구 결혼 준비를 도와주러 부산에 갔다.	친구 일을 자기 일처럼 잘 챙긴다.	친한 친구여서 부산까지 도와주러 갔다.
1	사장님께서 부탁한 번역을 이제 다 했다.	꼼꼼하게 해서 전문가가 한 것 같다.	사장님 부탁이어서 번역을 하기는 했지만 힘들었다.
2	저녁에 한국에 여행 온 친구 가족을 만날 것이다.	자기 가족을 만나러 가는 것 같이 기분이 좋아 보인다.	내가 좋아하는 친구의 오빠도 같이 와서 꼭 만나야 한다.

보기

노라 주말에 친구 결혼 준비를 도와주러 부산에 다녀왔어요.

윤아 노라 씨는 정말 친구 일을 자기 **일인 듯이** 잘 챙기시네요.

노라 친한 친구니까요. 친한 **친구만 아니면** 부산까지 도와주러 안 갔을 거예요.

2. 현대인의 소통 수단

- 다른 사람에게 소식을 전하는 수단이 예전과 어떻게 달라졌습니까?
- 여러분은 어떤 방법으로 다른 사람과 연락하거나 소식을 전합니까?

윤아 또 휴대 전화를 보고 있어요? 쉬는 시간마다 휴대 전화를 확인하는데 기다리는 전화라도 있어요?

주앙 아니요, 그냥 고향 친구들이 어떻게 지내는지 궁금해서 친구의 에스엔에스(SNS)를 보고 있어요.

윤아 그렇군요. 인터넷만 연결되면 쉽게 연락을 주고받을 수 있으니까 정말 편하지요?

주앙 눈에서 멀어지면 마음에서도 멀어지는 법인데 이렇게라도 서로의 소식을 알 수 있어서 좋아요. 그리고 에스엔에스로 연락하는 건 별로 부담스럽지 않잖아요.

윤아 맞아요. 요즘 사람들은 굳이 통화하지 않고 채팅으로 이야기하는 걸 선호해요. 나이 드신 분이나 어린 학생들도 채팅하는 것을 흔하게 볼 수 있어요.

주앙 네, 이제 이런 것이 우리 생활의 일부분이 됐다고 할 수 있지요. 에스엔에스나 채팅을 할 수 없는 생활은 상상할 수도 없어요.

멀어지다　부담스럽다　굳이　채팅　선호하다　흔하다　일부분

-감	-성	-력
친밀감 책임감 긴장감	필요성 편리성 사교성	영향력 경쟁력 판단력

• 에스엔에스 사용에 대한 설문 조사입니다. 보기 와 같이 빈칸을 채우십시오.

	질문	결과
1)	에스엔에스 활동이 꼭 필요합니까?	에스엔에스 활동의 보기 (필요성)에 대해 이용자 10명 중 3명이 꼭 필요하다고 답했다.
2)	에스엔에스를 할 때 무엇으로 합니까?	60%가 휴대 전화로 한다고 했는데 그 이유는 휴대의 ❶ (　　　　　) 때문이라고 답했다.
3)	에스엔에스에 일상을 자세히 올리는 사람에 대해 어떻게 생각하십니까?	'남에게 자랑하고 싶어 하는 것처럼 보인다(39%)' 같은 부정적인 평가도 있고 '열심히 하는 모습이 대단하다(38%)', '친구가 많고 ❷ (　　　　　)이/가 좋아 보인다(25%)' 같은 긍정적인 평가도 있었다.
4)	에스엔에스로 만난 사람과 친구가 될 수 있다고 생각하십니까?	온라인에서 알게 된 사람도 소식을 자주 듣다 보면 ❸ (　　　　　)을/를 느끼기 때문에 친구가 될 수 있다고 대답한 사람이 25%였다.
5)	에스엔에스의 정보를 믿는 편입니까?	65%가 사실이 아닌 정보가 많기 때문에 믿을 만한 정보인지 판단할 수 있는 ❹ (　　　　　)이/가 필요하다고 답했다.
6)	에스엔에스가 사회에 끼치는 영향이 커질 거라고 생각하십니까?	70%가 에스엔에스가 사회에 끼치는 ❺ (　　　　　)이/가 점점 커질 거라고 대답했다.

• 여러분은 친구나 가족과 어떻게 연락을 주고받습니까? 왜 그것을 사용하십니까? 보기 와 같이 이야기하십시오.

보기

저는 외국에 있는 가족들과 연락할 때 영상 통화나 채팅을 해요. 인터넷만 연결되면 손쉽게 연락할 수 있어서 편리해요. 이런 수단을 사용하는 이유는 **편리성** 때문이에요. 친구들과는 에스엔에스로 소식을 전하는데 에스엔에스의 **영향력**은 시간이 지날수록 점점 더 커질 거라고 생각해요.

1 -는/은/ㄴ 법이다

• 하늘 씨가 아버지와 뉴스를 보고 있습니다. 보기 와 같이 이야기하십시오.

보기 오늘 아침 국내 최대 기업 이성 그룹 김영수 회장이 사망했습니다.

1. 회사의 신기술을 다른 회사에 팔아서 돈을 받은 이 모 씨가 5년 만에 경찰에 잡혔습니다.

2. 오늘 초·중·고등학교 졸업식이 있었습니다. 같이 공부한 선생님, 친구들과 헤어져서 아쉬워하는 학생들이 많았습니다.

3. 무료로 관광도 시켜 주고 공연도 보여 준다고 하면서 노인들을 속여 물건을 비싸게 파는 사람들이 있다고 합니다.

4. 결혼을 필수가 아닌 선택이라고 생각하는 사람이 늘고 있습니다.

5. 새해가 되면 운동을 시작하는 사람이 많지만 2~3주 후에는 그 수가 적어진다고 합니다.

- 사람은 누구나 때가 되면 죽는다.
- 죄를 지으면 벌을 받아야 한다.
- 만남이 있으면 헤어짐도 있다.
- 세상에 공짜는 없다.
- 시대가 바뀌면 사고방식도 변한다.
- 무슨 일이든 꾸준히 하는 게 어렵다.

보기

하늘 아버지, 오늘 아침에 이성 그룹 김영수 회장이 돌아가셨대요.

아버지 **사람은 누구나 때가 되면 죽는 법이지**. 돈이 아무리 많아도 영원히 살 수는 없어.

2 -는다고/ㄴ다고/다고 할 수 있다

• 다음을 보고 보기 와 같이 이야기하십시오.

보기 한국의 범죄율

세계109위

① 한국의 대중교통 이용률

52개국 중 9위

② 한국인에게 인기 있는 해외 여행지

1위 오사카

2위 홍콩

3위 타이페이

③ 20대가 선호하는 직장 순위

1위 국가 기관

2위 공기업

3위 학교

4위 대기업

④ 집을 구할 때 중요한 조건

1위 교통 (42%)

2위 편의 시설 (28%)

3위 주변 학교나 학원 (22%)

⑤ 32개국의 노동 시간

1위 한국 (2357시간)

2위 그리스 (2057시간)

3위 체코 (1997시간)

보기

한국은 **안전한 나라라고 할 수 있어요.**

연습해 봅시다

• 보기 와 같이 이야기하십시오.

	평가 대상	올리비아의 평가	현재의 상황	영수의 생각
보기	신입 사원 연우 씨	• 일도 잘하고 성격도 원만하다. • 신입 사원 중에서 제일 낫다.	누구나 같이 일하고 싶어 한다.	능력도 있고 성격도 좋은 사람과는 누구나 같이 일하고 싶어 한다.
1	새로 나온 휴대 전화	• 가격은 30만원이다. • 기능에 비해 가격이 높지 않다.	인기가 많다.	기능도 다양하고 비싸지 않은 것을 누구나 사고 싶어 한다.
2	휴가 때 묵은 호텔	• 1박에 6만원이다. • 시설이나 서비스에 비해서 저렴한 편이다.	예약이 일찍 끝난다.	누구나 시설이 좋고 저렴한 곳에 묵고 싶어 한다.

보기

올리비아 신입 사원 연우 씨는 어때요?

영수 일도 잘하고 성격도 원만해요. 신입사원 중에서 제일 **낫다고 할 수 있어요**. 그래서 누구나 같이 일하고 싶어 해요.

올리비아 그렇게 능력도 있고 성격도 좋은 사람과는 누구나 같이 **일하고 싶어 하는 법이지요**.

복습

1 알맞은 단어를 골라서 (　　　) 안에 쓰십시오.

경쟁력　　장시간　　편리성　　멀어지다　　살아남다　　선호하다　　흔하다　　굳이

요즘 인터넷으로 할 수 있는 일이 늘면서 ❶ (　　　　) 인터넷을 사용하는 사람이 많아졌다. 신문도 인터넷으로 보는 사람이 점점 늘고 있다. 쉽고 편하게 기사를 볼 수 있는 인터넷 신문의 ❷ (　　　　) 때문에 사람들은 종이 신문보다 인터넷 신문을 ❸ (　　　　)는다/ㄴ다/다.

나이 드신 분들도 인터넷 신문을 읽는 모습을 ❹ (　　　　)게 볼 수 있다. 종이 신문을 읽는 사람도 있지만 ❺ (　　　　) 종이 신문을 사서 읽는 사람은 이제 많지 않다고 할 수 있다.

미래에는 종이 신문이 ❻ (　　　　)을/ㄹ 수 없다고 보는 사람도 있다. 이미 인터넷 신문과의 경쟁에서 ❼ (　　　　)을/를 잃었기 때문에 앞으로 종이 신문은 우리 생활에서 더 ❽ (　　　　)을/ㄹ 거라고 한다. 그러나 한편에서는 종이 신문을 읽는 사람이 적어지기는 하겠지만 종이 신문만의 장점 때문에 없어지지는 않을 거라고 하는 의견도 있다.

2 다음 문법을 사용하여 대화를 완성하십시오.

-는 듯이　　만 아니면　　-는 법이다　　-는다고 할 수 있다

우진　나도 시골에서 여유롭게 살고 싶어. 하루라도 쉬면 ❶ ________ 바쁘게 살고 싶지 않아.
(큰일 나다)

에릭　도시 생활은 늘 바쁘고 여유가 없으니까 사람들을 ❷ ________ 하지만 시골 생활도 꼭 좋은 점만 있는 것은 아닐 거야.
(지치게 하다)

우진　그래도 이렇게 바쁘게 살지 않을 수 있다면 시골에서 살고 싶어.

에릭　그럼 당장 시골에 가서 살면 되잖아.

우진　❸ ________ 시골에 갔을 거야.
(직장 문제)

에릭　❹ ________ 둘 다 가질 수는 없어.
(하나를 얻으면 하나를 잃다)

부록

문법 설명
연습문제
모범 답안(교재)
연습문제 답안
색인

문법 설명

1과 건강한 생활

〈1〉 건강에 좋은 음식

1. -다가 보니까

의미와 용법

동사에 붙여 어떤 행위를 하는 과정에서 새로운 사실을 깨닫게 되거나 어떠한 상태나 결과가 되었을 때 쓴다. '-다 보니'로도 쓸 수 있다.

예문

한국에서 오래 살다가 보니까 고향에 가는 것이 여행을 가는 것 같다.

일 때문에 사람을 많이 만나다가 보니까 쉴 때는 혼자 있는 것이 좋다.

친구하고 재미있게 이야기하다가 보니 어느새 저녁 먹을 시간이 되었다.

한국 드라마를 볼 때마다 대사를 따라 하다 보니 한국어 발음이 좋아졌다.

가: 오늘 좀 늦었구나.
나: 네, 친구하고 재미있게 놀다가 보니까 이렇게 늦었어요.

가: 새 안경을 쓰니까 어때요? 불편하지 않아요?
나: 네, 처음 썼을 때는 좀 불편했는데 계속 쓰다 보니 익숙해졌어요.

2. -을/ㄹ 겸

의미와 용법

동사에 붙여 행위의 목적이 두 가지 이상임을 나타낼 때 쓴다. 두 가지 목적 중에 다 말할 필요가 없을 때에는 한 가지만 말할 수도 있다.

예문

친구도 만날 겸 쇼핑도 할 겸 명동에 갔다.

돈도 벌 겸 경험도 쌓을 겸 아르바이트를 한다.

장도 볼 겸 산책도 할 겸 집 근처 마트에 다녀왔다.

쉬는 날에는 한국말도 연습할 겸 한국 드라마를 본다.

가: 요즘 동호회 활동을 하시나 봐요.
나: 네, 운동도 할 겸 한국 친구도 사귈 겸 축구 동호회에 가입했어요.

가: 전주로 여행을 다녀오셨다면서요?
나: 네, 전주에 있는 친구도 만날 겸 전주에 다녀왔어요.

〈2〉 건강한 생활 습관

1. 도 이지만/지만

의미와 용법

명사에 붙여 그것을 당연하게 포함하고 그 외에 다른 것을 추가하여 제시할 때 쓴다. 동사나 형용사 뒤에는 '-기도 -지만'을 쓴다.

예문

운동도 운동이지만 밥을 잘 먹어야 한다.

성적도 성적이지만 수업 태도도 좋아야 장학금을 받을 수 있다.

아기가 웃기도 잘 웃지만 울기도 잘 운다.

날씨가 덥기도 덥지만 외출 준비하기 귀찮아서 나가기 싫다.

가: 음식 값이 싸서 이 식당에 자주 오세요?
나: 값도 값이지만 음식이 맛있어서 자주 와요.

가: 숙제가 많아서 힘드세요?
나: 숙제가 많기도 많지만 배우는 내용이 어려워서 좀 힘들어요.

2. -지요

의미와 용법

동사나 형용사에 붙여 말하는 사람이 듣는 사람도 어떤 사실을 알고 있다고 생각하며 말할 때 또는 말하는 사람이 자신에 관한 이야기나 자신의 생각을 친근하게 말할 때 쓴다.

예문

이번 모임에 당연히 저도 가지요.

아무래도 혼자 사는 것이 편하지요.

김치는 손이 많이 가는 음식이지요.

엄마도 어렸을 때 너처럼 꿈이 많았지.

가: 남산은 밤에 가면 더 좋은 것 같아요.
나: 맞아요. 남산에서 보는 야경은 정말 아름답지요.

가: 엄마, 외할머니는 어떤 분이셨어요?
나: 내가 하는 얘기를 정말 잘 들어 주셨지. 나에게는 친구 같은 분이셨어.

참고

이미 완료된 사실을 말할 때에는 '-었지요'를 쓴다.

2과 한국어 학습

〈1〉 한국어 학습 목적

1. 어찌나 -는지/은지/ㄴ지

• 의미와 용법

동사나 형용사에 붙여 그 정도가 아주 심해서 그것이 뒤 내용의 이유가 될 때 쓴다.

• 활용

동사나 '있다, 없다'의 어간 뒤에는 '어찌나 -는지', 'ㄹ' 이외의 자음으로 끝나는 형용사 어간 뒤에는 '어찌나 -은지', 모음이나 'ㄹ'로 끝나는 형용사 어간, '명사+이다'뒤에는 '어찌나 -ㄴ지'를 쓴다.

앞에 오는 어간	결합 형태	예
동사, 있다, 없다	어찌나 -는지	어찌나 많이 먹는지, 어찌나 자주 가는지, 어찌나 재미가 있는지
자음(형용사)	어찌나 -은지	어찌나 많은지, 어찌나 좋은지, 어찌나 맑은지
모음, ㄹ(형용사) 명사+이다	어찌나 -ㄴ지	어찌나 바쁜지, 어찌나 먼지, 어찌나 부자인지

• 예문

제임스 씨는 어찌나 노래를 잘하는지 다들 가수인 줄 안다.

요즘 해야 할 일이 어찌나 많은지 잠 잘 시간도 부족하다.

어찌나 배가 고픈지 뭐든지 다 먹을 수 있을 것 같았다.

어제 좋아하는 가수의 콘서트에서 소리를 어찌나 크게 질렀는지 목이 다 쉬었다.

가: 고향 사람을 만나니까 그렇게 기분이 좋아요?
나: 네, 외국에서 고향 사람을 만나니까 어찌나 반가운지 눈물이 다 났어요.

가: 눈이 많이 부었어요. 무슨 일이에요?
나: 영화를 봤는데 내용이 어찌나 슬픈지 영화를 보면서 계속 울었어요.

• 참고

이미 끝난 사실을 말할 때에는 '어찌나 -었는지'를 쓴다.

2. -도록[1]

• 의미와 용법

동사에 붙어 앞의 내용이 뒤 행동의 목적임을 나타낸다.

• 예문

음식이 상하지 않도록 바로 냉장고에 넣었다.

이번 일이 잘 끝날 수 있도록 최선을 다해야겠다.

필요할 때 빨리 찾을 수 있도록 서류를 잘 정리해 놓아야 한다.

건강이 나빠지지 않도록 평소에 건강에 신경을 쓰는 게 좋겠다.

가: 이 그릇 포장 좀 잘 해 주세요.
나: 네, 깨지지 않도록 두 번 포장해 드릴게요.

가: 다음 주에 발표를 해야 하는데 실수할까 봐 걱정이 돼요.
나: 그럼 발표할 때 실수하지 않도록 발표 전에 여러 번 연습하세요.

〈2〉 효과적인 학습 방법

1. -을/ㄹ 게 아니라

• 의미와 용법

동사에 붙여 앞의 행동을 선택하지 않고 뒤의 행동을 선택할 것을 제안할 때 쓴다.

• 예문

집에 있는 약만 먹을 게 아니라 병원에 가 보지 그래요?

입학 정보를 인터넷으로만 찾을 게 아니라 직접 학교에 전화해 보세요.

잠이 안 오면 휴대 전화를 볼 게 아니라 조용한 음악을 듣는 게 어때요?

학교를 정할 때 혼자 결정할 게 아니라 다른 사람 의견도 들어 보는 게 좋아요.

가: 집이 더운데 에어컨을 한 대 살까요?
나: 에어컨을 살 게 아니라 선풍기를 한 대 더 사는 게 어때요?

가: 지금 채소를 싸게 파는데 좀 더 많이 사야겠어요.
나: 한꺼번에 많이 살 게 아니라 필요할 때마다 조금씩 사는 게 낫지 않아요?

2. -기에는

• 의미와 용법

동사에 붙여 어떠한 상황을 기준으로 할 때 쓴다. 뒤에는 평가나 판단을 나타내는 형용사가 온다.

• 예문

닭갈비는 아이들이 먹기에는 맵다.

이 차는 5인 가족이 타기에는 작은 편이다.

이 신문 기사는 4급 학생이 이해하기에는 어렵다.

지도만 보고 찾아가기에는 약속 장소까지 가는 길이 복잡하다.

가: 왜 케이크를 다 안 드세요?
나: 이 케이크는 저 혼자 먹기에는 너무 많아요. 같이 드실래요?

가: 문법을 혼자 공부하시네요. 어렵지 않아요?
나: 이 문법은 혼자 공부하기에는 어려운 것 같아요. 좀 도와주실래요?

3과 성격과 환경

⟨1⟩ 성격

1. -었던/았던/였던 것 같다

• 의미와 용법

동사나 형용사에 붙여 말하는 사람이 자신의 과거 경험에 대해 기억이 분명하지 않을 때 혹은 어떤 사실을 보고 과거의 일이나 상태를 추측할 때 쓴다.

• 예문

중학교 때는 매일 학교 앞에 있는 가게에 들렀던 것 같다.

어렸을 때는 해외여행을 하는 사람이 많지 않았던 것 같다.

옛날에는 백화점이 몇 개 없었던 것 같다.

예전에는 이곳이 학교였던 것 같다.

가: 요즘에는 아침도 밖에서 사 먹는 사람이 많아졌어요.
나: 맞아요. 예전에 아침 식사는 거의 집에서 했던 것 같아요.

가: 서울에 자동차가 정말 많아요.
나: 맞아요. 그런데 제가 어렸을 때는 자동차가 이렇게 많지 않았던 것 같아요.

2. -더니[1]

• 의미와 용법

동사나 형용사에 붙여 말하는 사람이 직접 보거나 들었던 사실과 달라진 사실이나 상황을 대조적으로 연결할 때 쓴다.

• 예문

정희 씨가 작년에는 열심히 공부하더니 요즘에는 열심히 하지 않는다.

어제는 하늘이 흐리더니 오늘은 맑다.

예전에는 높은 건물이 없더니 5년 사이에 높은 건물이 많아졌다.

동생이 어렸을 때는 수동적이더니 고등학생이 된 후에는 뭐든지 주도적으로 한다.

가: 조셉 씨가 한국 음식을 참 잘 먹어요.
나: 네, 조셉 씨가 한국에 처음 왔을 때는 한국 음식을 잘 못 먹더니 이제는 아주 잘 먹어요.

가: 웨이 씨와 흐엉 씨가 같이 밥을 먹고 있어요.
나: 그러게요. 어제는 싸워서 둘이 서로 말을 안 하더니 오늘은 계속 같이 있어요.

⟨2⟩ 환경의 영향

1. -는다고/ㄴ다고/다고 해서[2]

• 의미와 용법

동사나 형용사에 붙여 다른 사람의 이유나 근거에 대한 이야기를 듣고 그에 대해 반박을 하거나 반대의 의견을 나타낼 때 쓴다.

• 활용

동사의 어간이 'ㄹ' 이외의 자음으로 끝나면 '-는다고 해서', 모음이나 'ㄹ'로 끝나면 '-ㄴ다고 해서', 형용사 어간 뒤에는 '-다고 해서'를 쓴다. '명사+이다'의 '이다'는 명사가 자음으로 끝나면 '이라고 해서', 명사가 모음으로 끝나면 '라고 해서'로 쓰인다.

앞에 오는 어간	결합 형태	예
자음(동사)	-는다고 해서	읽는다고 해서, 입는다고 해서, 믿는다고 해서
모음, ㄹ(동사)	-ㄴ다고 해서	간다고 해서, 좋아한다고 해서, 안다고 해서
형용사	-다고 해서	많다고 해서, 크다고 해서, 중요하다고 해서
명사+이다(자음)	이라고 해서	학생이라고 해서, 휴일이라고 해서
명사+이다(모음)	라고 해서	부자라고 해서, 관광지라고 해서

• 예문

잠을 많이 잔다고 해서 피곤함이 풀리는 것은 아니다.

귀찮다고 해서 청소를 안 하면 안 된다.

부자라고 해서 항상 행복한 것은 아닐 것이다.

많은 경험을 했다고 해서 무슨 일이든지 잘하는 것은 아니다.

가: 건강을 생각해서 건강 보조 식품을 먹으려고 해요.
나: 건강 보조 식품을 많이 먹는다고 해서 건강이 좋아지는 것은 아니에요.

가: 한국어 실력이 늘지 않아서 한국어 공부를 그만 할까 해요.
나: 한국어 실력이 늘지 않는다고 해서 포기해 버리면 안 돼요.

• 참고

이미 끝난 사실을 말할 때에는 '-었다고 해서'를 쓴다.

2. 처럼

• 의미와 용법

명사에 붙어 비유나 비교의 대상을 나타내거나 앞에 오는 명사의 모양이나 동작, 특징 등이 비슷함을 나타낸다.

• 예문

내 동생은 가수처럼 노래를 잘한다.

우리 어머니는 요리사처럼 요리를 잘하신다.

습관을 바꾸는 것은 생각처럼 쉬운 일이 아니다.

우리 사무실처럼 분위기가 자유로운 사무실이 좋다.

가: 말하기 연습을 열심히 하네요.
나: 저는 한국어를 한국 사람처럼 자연스럽게 말하고 싶어요.

가: 미선아, 이사한 곳은 어때?
나: 아주 좋아. 고향 집에 있는 내 방처럼 편안해.

4과 나의 진로

〈1〉 진로 고민

1. -고 보니까

• 의미와 용법

동사에 붙여 어떠한 행위나 일이 일어나기 전에는 몰랐는데 그 일이 일어난 이후 그 결과로 뒤에 오는 내용을 새롭게 깨닫게 되었을 때 쓴다.

• 예문

지하철에서 내리고 보니까 신촌역이 아니었다.

취직하고 보니까 학생이었을 때가 좋았다는 것을 알게 됐다.

그 사람의 말을 듣고 보니까 왜 그런 행동을 했는지 이해가 됐다.

인터넷 쇼핑으로 주문한 물건을 받고 보니까 인터넷으로 본 것과 색깔이 달랐다.

가: 레오 씨, 새로 한 머리가 마음에 안 들어요?
나: 네, 머리를 자르고 보니까 지난번 머리가 저에게 더 잘 어울리는 것 같아요.

가: 올리비아 씨, 새로 이사 간 동네는 마음에 들어요?
나: 네. 이사하고 보니까 저희 동네에 맛집이 정말 많더라고요.

2. -을/ㄹ 텐데

• 의미와 용법

동사나 형용사에 붙여 앞으로 일어날 일이나 보지 못한 상황을 추측하여 말하면서 제안을 하거나 질문을 할 때 쓴다.

• 예문

조금 이따가 레오 씨도 올 텐데 만나고 가세요.

부모님께서 많이 걱정하실 텐데 연락을 자주 드리고 있어요?

지금 바로 마시면 뜨거울 텐데 조금 식혀서 드세요.

지금은 점심시간일 텐데 2시 반 이후에 병원에 가 보는 게 어때요?

가: 오늘 밤에 눈이 많이 올 거래요. 아침 출근길이 걱정 돼요.
나: 그러게요. 내일은 길이 미끄러울 텐데 운전할 때 조심하세요.

가: 윤아 씨, 혹시 마이클 씨 연락처를 아세요?
나: 아니요. 마이클 씨 연락처는 우진 씨가 알 텐데 우진 씨에게 물어 보세요.

〈2〉 취업 박람회

1. -는지요?/은지요/ㄴ지요?

• 의미와 용법

동사나 형용사에 붙여 상대방에게 정중하게 질문할 때 쓴다.

• 활용

동사나 '있다', '없다'의 어간 뒤에는 '-는지요?', 'ㄹ' 이외의 자음으로 끝나는 형용사 어간 뒤에는 '-은지요?', 모음이나 'ㄹ'로 끝나는 형용사 어간, '명사+이다' 뒤에는 '-ㄴ지요?'를 쓴다.

앞에 오는 어간	결합 형태	예
동사, 있다, 없다	-는지요?	가는지요?, 입는지요?, 있는지요?
자음(형용사)	-은지요?	많은지요?, 좋은지요?, 괜찮은지요?
모음, ㄹ(형용사) 명사+이다	-ㄴ지요?	바쁜지요?, 충분한지요?, 먼지요?, 학생인지요?, 휴가인지요?

• 예문

성함이 어떻게 되시는지요?

혹시 음식 양이 부족하지는 않은지요?

인사를 드리러 갈까 하는데 언제가 괜찮으신지요?

그 동안 별일 없으셨는지요?

가: 친절하게 설명해 주셔서 감사합니다.
나: 아닙니다. 그 외에 더 궁금한 점은 없으신지요?

가: 안녕하십니까? 요즘 어떻게 지내시는지요?
나: 덕분에 잘 지내고 있습니다. 감사합니다.

• 참고

이미 끝난 사실을 말할 때에는 '-었는지요?'를 쓴다.

2. -는/은/ㄴ 경우에

• 의미와 용법

동사나 형용사에 붙어 그런 조건이나 때를 나타낸다.

• 활용

동사나 '있다', '없다'의 어간 뒤에는 '-는 경우에', 'ㄹ' 이외의 자음으로 끝나는 형용사 어간 뒤에는 '-은 경우에', 모음이나 'ㄹ'로 끝나는 형용사 어간, '명사+이다' 뒤에는 '-ㄴ 경우에'를 쓴다.

앞에 오는 어간	결합 형태	예
동사, 있다, 없다	-는 경우에	생기는 경우에, 잃어버리는 경우에, 있는 경우에
자음(형용사)	-은 경우에	많은 경우에, 작은 경우에, 좁은 경우에
모음, ㄹ(형용사) 명사+이다	-ㄴ 경우에	필요한 경우에, 먼 경우에, 위급 상황인 경우에, 휴가인 경우에

• 예문

병문안을 가는 경우에 먼저 손을 씻고 환자를 만나야 한다.

급한 일이 있는 경우에 이 비상벨을 누르면 된다.

신청자가 많은 경우에는 신청 접수를 예정보다 일찍 끝낼 수 있다.

문제가 생겼을 경우 관리자에게 즉시 연락해서 해결해야 한다.

가: 학생증을 잃어버렸는데 도서관에 들어갈 수 없나요?
나: 학생증을 잃어버린 경우 도서관에서 출입증을 받으면 들어갈 수 있습니다.

가: 공연 표를 취소하고 싶은데 수수료를 내야 합니까?
나: 예매 후 7일 안에 취소하는 경우에는 취소 수수료가 없지만 그 이후에는 수수료를 내야 합니다.

• 참고

완료된 상황일 때는 '-은/ㄴ 경우에' 또는 '-었을/았을/였을 경우에'를 쓴다. 조사 '에'는 생략할 수 있다.

5과 생활 속의 경제

〈1〉 소비 형태

1. -는걸요/은걸요/ㄴ걸요

• 의미와 용법

동사나 형용사에 붙여 다른 사람의 말에 덧붙이거나 질문에 대해 대답할 때 쓴다. 이미 알고 있는 바나 기대와는 다를 때 또는 상대 의견에 대한 가벼운 반박을 나타내기도 한다.

• 활용

동사나 '있다', '없다'의 어간 뒤에는 '-는걸요', 'ㄹ' 이외의 자음으로 끝나는 형용사 어간 뒤에는 '-은걸요', 모음이나 'ㄹ'로 끝나는 형용사 어간, '명사+이다' 뒤에는 '-ㄴ걸요'를 쓴다.

앞에 오는 어간	결합 형태	예
동사, 있다, 없다	-는걸요	먹는걸요, 쓰는걸요, 있는걸요
자음(형용사)	-은걸요	많은걸요, 좁은걸요, 작은걸요
모음, ㄹ(형용사) 명사+이다	-ㄴ걸요	편한걸요, 따뜻한걸요, 힘든걸요, 학생인걸요, 부자인걸요

• 예문

아이들이 앉아서 공부만 하는 것을 싫어하는걸요.

오늘은 어제보다 날씨가 추운걸요. 옷을 더 따뜻하게 입으셔야겠어요.

곧 4시인걸. 빨리 가도 4시 지나서 은행에 도착할 것 같으니까 내일 가자.

우리는 이미 여행 계획을 세웠는걸요. 지금 계획을 바꾸기는 어려울 것 같아요.

가: 선물로 받은 옷을 입어 봤는데 네가 보기에는 어때? 나한테 잘 맞는 것 같아?
나: 좀 큰걸. 한 치수 작은 것으로 바꿔야겠어.

가: 음식이 많이 남았으니까 더 드세요.
나: 이미 많이 먹었는걸요. 이제 배가 불러서 더 이상 못 먹겠어요.

• 참고

완료된 상황일 때는 '-었는걸요/았는걸요/였는걸요'를 쓰는데 '-은걸요/ㄴ걸요'로도 쓸 수 있다.

2. -게요?

• 의미와 용법

동사에 붙여 말하는 사람이 상황을 통해 추정한 상대방의 의도를 확인할 때 쓴다.

• 예문

펜이 필요하세요? 뭘 쓰시게요?

등산복을 입으셨네요. 산에 가시게요?

왜 숟가락을 놓으세요? 그만 드시게요?

결제하시게요? 금방 갈게요. 잠깐만 기다려 주세요.

가: 너무 피곤해서 씻을 힘도 없어요.
나: 그래서 그냥 자게? 그래도 씻고 자야지.

가: 50대 여자 분이 사용할 로션 좀 보여 주세요.
나: 어머니께 선물하시게요?

〈2〉 결제 방식

1. -었어야/았어야/였어야 하다

의미와 용법

동사에 붙여 과거에 필수적, 혹은 의무적으로 해야 하는 행동을 하지 않아서 아쉬워하거나 후회할 때 쓴다. '-지 말았어야 하다'는 이미 한 행동을 후회할 때 쓴다.

예문

한국에 도착하자마자 부모님께 전화를 드렸어야 했는데…….

축구 경기를 경기장에 가서 직접 봤어야 했는데 보지 못해서 너무 아쉽다.

택시를 타지 말았어야 했다. 택시를 탔다가 오히려 더 늦게 도착하고 말았다.

약속 장소가 어디였는지 기억이 나지 않는다. 약속 장소를 적어 놓았어야 했는데…….

가: 음식이 좀 부족할 것 같지요?
나: 네, 좀 더 여유 있게 준비했어야 했나 봐요.

가: 내 말을 듣지 않고 고집을 부리다가 일이 잘못됐잖아. 이제 어떻게 할 거야?
나: 나도 몰라. 네 말을 들었어야 했는데…….

2. -다가 보면

의미와 용법

동사에 붙여 어떤 행위를 계속하는 과정에서 나타나는 결과를 표현할 때 쓴다. '-다 보면'으로도 쓸 수 있다.

예문

일을 계속 하다가 보면 익숙해질 거예요.

살다가 보면 생각하지 못한 일이 생기기도 한다.

꾸준히 듣기 연습을 하다 보면 듣기 실력이 좋아질 거예요.

바쁘게 준비하다가 보면 중요한 것을 빠뜨리는 경우도 있다.

가: 스트레스가 쌓였을 때 어떻게 하세요?
나: 저는 친구들하고 이야기를 하다가 보면 스트레스가 다 풀리는 것 같아요.

가: 이 근처에 대형 서점이 있어요?
나: 네, 저쪽으로 쭉 가다 보면 파란색 큰 건물이 보일 거예요. 그 건물에 있어요.

6과 의사소통과 표현

〈1〉 불평과 불만

1. 까지

의미와 용법

명사에 붙어 이미 어떤 것이 포함되고 그 위에 더해짐을 나타낸다.

예문

선배가 점심에다가 커피까지 사 줬다.

회사 일도 많은데 퇴근 후에 집안일까지 해야 해서 힘들다.

비가 오는데 바람까지 심하게 불어서 우산을 써도 소용없었다.

민수 씨는 일도 잘하는데 성격까지 좋아서 회사 사람들이 민수 씨를 좋아한다.

가: 안색이 안 좋아 보여요. 어디 아파요?
나: 어제는 기침만 났는데 이제 열까지 나요.

가: 오늘 아침에 왜 늦었어요?
나: 월요일인데 사고까지 나서 차가 더 밀렸어요. 그래서 늦었어요.

2. -더라고요

의미와 용법

동사나 형용사 뒤에 붙여 과거에 어느 때에 직접 경험하여 새로 알게 된 사실을 지금 상대방에게 옮겨 전달할 때 쓴다.

예문

부모님 목소리를 들으니까 부모님 생각이 더 나더라고요.

제가 먹어 보니까 이 가게는 순두부찌개가 맛있더라고요.

친구가 재미있다고 해서 그 영화를 봤는데 생각보다 재미없더라고요.

조금 전에 제임스 씨를 만났는데 제임스 씨가 화가 많이 났더라고요.

가: 왜 인터넷으로만 물건을 사세요?
나: 값이 싸기도 하고 배달도 해 주니까 편하더라고요.

가: 우리가 자주 가던 카페에 오랜만에 가 볼까요?
나: 지난번에 친구와 같이 갔는데 문을 닫았더라고요.

참고

이미 완료된 사실을 알았을 때에는 '-었더라고요'를 쓴다.

〈2〉 위로와 격려

1. -는지/은지/ㄴ지

• 의미와 용법

동사나 형용사에 붙여 뒤에 나오는 문장에 대한 확실하지 않은 막연한 이유를 나타낼 때 쓴다.

• 활용

동사, '있다', '없다'의 어간 뒤에는 '-는지', 'ㄹ'이외의 자음으로 끝나는 형용사 어간 뒤에는 '-은지', 모음이나 'ㄹ'로 끝나는 형용사 어간, '명사+이다' 뒤에는 '-ㄴ지'를 쓴다.

앞에 오는 어간	결합 형태	예
동사, 있다, 없다	-는지	가는지, 읽는지, 있는지
자음(형용사)	-은지	많은지, 좋은지, 괜찮은지
모음, ㄹ(형용사) 명사+이다	-ㄴ지	바쁜지, 부지런한지, 힘든지, 학생인지, 부자인지

• 예문

에릭 씨가 영화를 좋아하는지 영화에 대해서 자주 이야기한다.

제임스 씨가 속이 안 좋은지 밥을 잘 안 먹는다.

어머니께서 바쁘신지 요즘 나에게 전화를 자주 안 하신다.

수도가 고장이 났는지 어제 저녁부터 물이 전혀 나오지 않는다.

가: 어제 노라 씨가 한 요리를 친구들이 잘 먹었어요?
나: 네, 다들 입에 맞는지 잘 먹더라고요.

가: 장위 씨가 대학원에 합격했대요?
나: 글쎄요, 합격 발표가 안 났는지 아직 아무 말도 없어요.

• 참고

이미 완료된 사실을 말할 때에는 '-었는지'를 쓴다.

2. -겠지요

• 의미와 용법

동사나 형용사 뒤에 붙여 확신을 가지고 추측하면서 상대방이 이미 알고 있을 거라고 생각하는 경우에 쓴다.

• 예문

존 씨는 전에 수영을 배웠다고 했으니까 수영을 잘하겠지요.

리타오 씨가 열심히 준비했으니까 이번 면접시험에는 합격하겠지요.

흐엉 씨는 아르바이트를 하니까 생활비가 부족하지 않겠지요.

네가 연락도 없이 1시간이나 늦었으니까 친구가 당연히 화가 났겠지.

가: 잘 지내세요. 이제 귀국하면 우리는 언제 또 만날 수 있을까요?
나: 살다 보면 언젠가 다시 만날 날이 있겠지요.

가: 어제 영희가 연락도 없이 약속 장소에 안 나타났어.
나: 영희에게 급한 일이 생겼겠지.

• 참고

이미 완료된 사실을 말할 때에는 '-었겠지요'를 쓴다.

7과 일상생활

〈1〉 공공질서

1. -도록[2]

• 의미와 용법

동사에 붙어 정도나 한계, 어느 지점에 도달하기까지를 나타낸다.

• 예문

우진 씨는 운동화가 닳도록 열심히 운동을 했다.

강아지가 털이 다 빠지도록 몸을 긁고 또 긁었다.

에릭 씨는 한국에 온 지 3년이 다 되도록 부산에 가 보지 못했다.

경찰은 그 사건이 일어난 지 일주일이 넘도록 범인을 잡지 못했다.

가: 고향에 있는 동생은 요즘도 연락을 안 해요?
나: 네, 한 달이 넘도록 전화를 하지 않아요.

가: 다리가 왜 그래요?
나: 모기에 물린 곳이 가려워서 피가 나도록 긁었어요.
참으려고 했지만 너무 가려워서 참을 수가 없었어요.

2. 만이라도

• 의미와 용법

명사에 붙어 그것이 기대에 훨씬 못 미치는 것이지만 주어진 상황에서는 바랄 수 있는 최선의 것임을 나타낸다. '-고 싶다', '-으면 좋겠다' 등 바람을 표현하는 말과 함께 그만큼 말하는 사람의 바람이 큼을 나타낸다. 동사나 형용사의 어간에는 '-기만이라도'를 쓴다.

• 예문

저 사람의 이름만이라도 알고 싶다.

한 사람만이라도 내 마음을 알아줬으면 좋겠다.

내가 좋아하는 배우의 뒷모습만이라도 보고 싶다.

월급이 많지 않아도 되니까 회사에 들어가기만이라도 했으면 좋겠다.

가: 유라 씨, 할머니 사진을 보고 있어요?
나: 네, 할머니가 보고 싶어서요. 할머니 목소리만이라도 들을 수 있었으면 좋겠어요.

가: 콘서트 표는 샀어요?
나: 아니요, 좋은 자리가 아니어도 좋으니까 콘서트를 보기만이라도 했으면 좋겠어요.

〈2〉 맛집

1. -길래

• 의미와 용법

동사나 형용사에 붙어 말하는 사람이 뒤 문장과 같은 행동을 한 이유를 나타낸다.

• 예문

아침에 비가 많이 오길래 큰 우산을 가지고 나왔다.

친구가 집에서 게임만 하길래 산책을 하러 공원에 가자고 했다.

날씨가 춥길래 목도리를 하고 밖으로 나왔다.

룸메이트가 음식 준비를 해 놓았길래 퇴근하자마자 맛있게 밥을 먹었다.

가: 왜 이렇게 늦게 왔어요?
나: 길이 너무 막히길래 다른 길로 왔는데 그 길도 막혀서 늦었어요.

가: 무슨 책을 그렇게 열심히 읽고 있어요?
나: 성공한 사람의 이야기인데 부장님이 추천하시길래 읽고 있어요.

• 참고

이미 완료된 사실을 말할 때에는 '-었길래'를 쓴다.

2. -던걸요

• 의미와 용법

동사나 형용사에 붙어 말하는 사람이 과거에 직접 경험하여 새롭게 알게 된 사실을 지금 상대방에게 감탄하듯 말할 때 쓴다.

• 예문

생각보다 강이 크지 않던걸요.

여의도 불꽃 축제를 보러 갔는데 정말 멋지던걸요.

알고 보니까 우진 씨가 우리 사촌 누나와 중학교 동창이던걸요.

그 사람을 사진으로 봤을 때는 몰랐는데 실제로 보니까 잘생겼던걸요.

가: 반 친구들이 한국 노래를 잘 불러요?
나: 네, 같이 노래방에 간 적이 있는데 친구들이 모두 한국 노래를 잘 부르던걸요.

가: 어제 본 영화가 어땠어요? 남북 관계에 관한 내용이 좀 어렵지요?
나: 남북의 관계를 아이의 눈으로 바라봐서 이해하기가 어렵지 않던걸요.

• 참고

이미 끝난 사실을 말할 때에는 '-었던걸요'를 쓴다.

8과 문제와 해결

〈1〉 고장과 수리

1. -는다/ㄴ다 -는다/ㄴ다 하는 것이

• 의미와 용법

동사에 붙여 말하는 사람이 그렇게 할 마음은 여러 번 있었지만 실제로 실행하지 못했을 때 쓴다.

• 활용

동사의 어간이 'ㄹ' 이외의 자음으로 끝나면 '-는다 -는다 하는 것이', 모음이나 'ㄹ'로 끝나면 '-ㄴ다 -ㄴ다 하는 것이'를 쓴다.

앞에 오는 어간	결합 형태	예
자음	-는다 -는다 하는 것이	먹는다 먹는다 하는 것이 찾는다 찾는다 하는 것이 넣는다 넣는다 하는 것이
모음, ㄹ	-ㄴ다 -ㄴ다 하는 것이	간다 간다 하는 것이 고친다 고친다 하는 것이 만든다 만든다 하는 것이

• 예문

약을 먹는다 먹는다 하는 것이 자꾸 잊어버린다.

은행에 간다 간다 하는 게 시간이 안 나서 아직 못 갔다.

부모님께 전화를 드린다 드린다 하는 게 바빠서 전화를 못 드리고 있다.

그 사람에게 내 마음을 고백한다 한다 하는 것이 용기가 안 나서 못했다.

가: 머리를 자르러 갈 거라고 하지 않았어요?
나: 미용실에 간다 간다 하는 것이 요즘 너무 바빠서 계속 못 갔어요.

가: 주앙 씨에게 같이 식사할 수 있는지 물어봤어요?
나: 미안해요. 물어본다 물어본다 하는 게 자꾸 잊어버려요.

2. -는 수밖에 없다

• 의미와 용법

동사에 붙여 그 외에는 다른 방법이 없어서 어쩔 수 없이 그것을 선택해야 할 때 쓴다.

• 예문

제시간에 일을 마치려면 일하는 시간을 늘리는 수밖에 없다.

한국어 능력 시험 성적표 유효 기간이 끝나서 시험을 다시 보는 수밖에 없다.

네가 거짓말한 것을 엄마가 알았으니까 이제는 사실대로 말하는 수밖에 없다.

어머니의 수술이 잘 끝났다고 하니까 이제 회복하시기를 기다리는 수밖에 없다.

가: 모레 일본으로 여행을 가기로 했는데 여권을 잃어버렸어요.
나: 여권이 없으면 여행을 취소하는 수밖에 없어요. 다시 잘 찾아보세요.

가: 엘리베이터가 고장났어요.
나: 걸어서 올라가는 수밖에 없겠네요.

〈2〉 이웃 간의 문제

1. -는 바람에

• 의미와 용법

동사에 붙어 앞의 행위가 뒤 상황의 원인이나 이유가 됨을 나타낸다. 일반적으로 앞의 상황이 뒤의 행동에 부정적인 영향을 미칠 때나 말하는 사람의 의도와는 다른 결과를 가져올 때 쓴다.

• 예문

환율이 떨어지는 바람에 손해를 봤다.

버스를 잘못 타는 바람에 학교에 늦었다.

비가 많이 오는 바람에 야구 경기가 취소됐다.

서둘러서 나오는 바람에 지갑을 집에 놓고 나왔다.

가: 우진 씨, 왜 연락을 안 받았어요? 무슨 일이 있었어요?
나: 휴대 전화를 떨어뜨리는 바람에 액정이 깨져서 연락이 온 것을 확인할 수 없었어요.

가: 왜 이렇게 늦은 시간에 점심을 드세요?
나: 회의가 늦게 끝나는 바람에 점심 식사를 아직 못 했어요.

2. -어서야/아서야/여서야

• 의미와 용법

동사나 형용사에 붙여 앞의 상황과 같은 조건에서는 뒤의 행위나 결과를 기대할 수 없을 때 쓴다. 뒤 문장에는 '-을 수 없다'는 뜻의 '-겠어요?'가 온다.

• 예문

저렇게 놀아서야 어디 원하는 학교에 갈 수 있겠어요?

이렇게 길이 막혀서야 어디 회의 시간 전까지 도착하겠어요?

그렇게 게을러서야 사회생활을 제대로 할 수 있겠어?

이렇게 준비가 부족해서야 이번 행사를 잘 마칠 수 있겠어?

가: 오늘 등산을 가기로 했는데 눈이 너무 많이 와요.
나: 그러게요. 이렇게 눈이 많이 와서야 산에 올라갈 수 있겠어요? 등산은 다음에 가세요.

가: 새로 생긴 식당에 가 봤는데 맛은 있는데 직원들이 너무 불친절해요.
나: 그래요? 그렇게 불친절해서야 어디 손님들이 또 가고 싶어 하겠어요?

9과 정보화 시대

〈1〉 가짜 뉴스

1. 에 비해서

• 의미와 용법

명사에 붙여 그것을 기준으로 하여 비교하거나 평가할 때 쓴다.

• 예문

이 신발은 값에 비해서 질이 좋지 않다.

우리 아이는 나이에 비해서 생각이 깊다.

민지가 자기 몸에 비해서 너무 큰 코트를 입었다.

지난번 축제에 비해서 이번 축제는 재미있었다.

가: 이번에 새로 옮긴 회사는 어때요? 좋아요?
나: 지난번에 다니던 회사에 비해서 분위기도 좋고 일도 재미있어요.

가: 영수 씨가 그동안 열심히 공부했는데 성적이 좋지 않네요.
나: 그러게요. 노력한 것에 비해서 결과가 잘 안 나왔어요.

2. -을/ㄹ 수가 있어야지요

• 의미와 용법

동사에 붙여 할 수 없음을 더욱 강조하여 말할 때 쓴다.

• 예문

밤에도 낮처럼 더워서 잠을 잘 수가 있어야지.

그 사람이 계속 거짓말을 하니까 믿을 수가 있어야지.

동료가 자기가 맡은 일을 자꾸 남에게 미루니까 같이 일을 할 수가 있어야지요.

친한 친구가 도와 달라고 부탁을 하니까 마음이 약해져서 거절할 수가 있어야지요.

가: 이거 웬 치킨이에요? 저녁을 먹었다고 하지 않았어요?

나: 치킨 집을 지나가는데 냄새가 너무 좋아서 그냥 지나칠 수 가 있어야지요.

가: 금방 온다고 했잖아. 왜 이렇게 늦었어?
나: 집에 오다가 친하게 지내던 동창을 우연히 만났는데 인사만 하고 헤어질 수가 있어야지.

〈2〉 휴대 전화 사용 제한

1. 에 따르면

의미와 용법

명사에 붙여 뒤 문장에 인용된 내용의 출처를 밝힐 때 쓴다. 뒤에는 인용문이 온다.

예문

일기 예보에 따르면 오늘 오후에 눈이 많이 내린다고 한다.

정부의 발표에 따르면 7월부터 지하철 요금이 인상될 거라고 한다.

목격자의 말에 따르면 새벽에 이미 건물 전체에 불이 옮겨 붙었다고 한다.

최근 연구 결과에 따르면 환경 오염이 암 발생의 가장 큰 원인이라고 한다.

가: 이번 시험 결과는 어떻게 나왔습니까?
나: 김 선생님 말씀에 따르면 지난번보다 모두들 성적이 조금씩 올랐다고 합니다.

가: 학생들한테 인기가 있는 직업은 뭐예요?
나: 교육부의 조사 결과에 따르면 초등학생의 희망 직업 1위는 운동선수이고 중·고등학생의 희망 직업 1위는 교사라고 해요.

2. -는다고/ㄴ다고/다고 보다

의미와 용법

동사나 형용사에 붙여 중요한 문제에 대해 자신의 의견을 말할 때 쓴다. '그렇게 생각하다'의 뜻을 나타낸다.

활용

동사의 어간이 'ㄹ' 이외의 자음으로 끝나면 '-는다고 보다', 모음이나 'ㄹ'로 끝나면 '-ㄴ다고 보다', 형용사 어간 뒤에는 '-다고 보다'를 쓴다. '명사+이다'의 '이다'는 명사가 자음으로 끝나면 '이라고 보다', 명사가 모음으로 끝나면 '라고 보다'로 쓰인다.

앞에 오는 어간	결합 형태	예
자음(동사)	-는다고 보다	맞는다고 보다, 옳는다고 보다, 뽑는다고 보다
모음, ㄹ(동사)	-ㄴ다고 보다	오른다고 보다, 좋아진다고 보다, 는다고 보다
형용사	-다고 보다	힘들다고 보다, 어렵다고 보다, 편하다고 보다
명사+이다(자음)	이라고 보다	학생이라고 보다, 휴일이라고 보다
명사+이다(모음)	라고 보다	부자라고 보다, 관광지라고 보다

예문

무슨 일이든지 결과보다 과정을 더 중요하게 생각해야 한다고 본다.

철민이가 자신의 실수를 인정해야 이 문제를 해결할 수 있다고 본다.

인생에서 가장 중요한 것은 건강이라고 본다.

이번 선택은 우리가 할 수 있는 최선의 선택이었다고 본다.

가: 올해 경제 성장에 대해서 어떻게 예상하시는지요?
나: 작년보다 좀 더 나아질 거라고 봅니다.

가: 이번 경기는 어떻게 될 거라고 보십니까?
나: 우리 팀이 이길 가능성이 조금 더 높다고 봅니다.

참고

이미 끝난 사실을 말할 때에는 '-었다고 보다'를 쓴다.

10과 현대인의 모습

〈1〉 현대인과 일

1. 만 아니면

의미와 용법

명사에 붙여 말하는 사람이 자신의 의도와는 다르게 어떤 일을 하거나 하지 못하는 상황에서 앞의 내용이 그것의 유일한 이유임을 나타낼 때 쓴다.

예문

친구의 부탁만 아니면 그 일을 안 했을 것이다.

그 과목만 아니면 이번에 졸업할 수 있었을 것이다.

중요한 회의만 아니면 휴가를 내고 여행을 갔을 텐데 회의 때문에 못 갔다.

부모님을 만나기로 한 약속만 아니면 친구들 모임에 갔을 텐데 아쉽다.

가: 이번 휴가는 해외로 간다고 했는데 잘 다녀왔어요?
나: 아니요. 태풍만 아니면 갔을 텐데 태풍 때문에 출발도 못했어요.

가: 민수 씨는 도시 생활을 즐기시나 봐요.
나: 아니에요. 직장만 아니면 도시에서 안 살았을 거예요.

2. -는/은/ㄴ 듯이

• 의미와 용법

동사나 형용사에 붙여 뒤에 오는 행동이나 상태가 앞의 내용과 유사하다고 비유적으로 표현할 때 쓴다.

• 활용

동사, '있다', '없다'의 어간 뒤에는 '-는 듯이', 'ㄹ'이외의 자음으로 끝나는 형용사 어간뒤에는 '-은 듯이', 모음이나 'ㄹ'로 끝나는 형용사 어간, '명사+이다' 뒤에는 '-ㄴ 듯이'를 쓴다.

앞에 오는 어간	결합 형태	예
동사, 있다, 없다	-는 듯이	자는 듯이, 아는 듯이, 없는 듯이
자음(형용사)	-은 듯이	많은 듯이, 괜찮은 듯이, 싫은 듯이
모음, ㄹ(형용사) 명사+이다	-ㄴ 듯이	행복한 듯이, 아픈 듯이, 힘든 듯이, 학생인 듯이, 부자인 듯이

• 예문

에릭 씨는 수업이 끝나자마자 급한 일이 있는 듯이 서둘러 나갔다.

윤아 씨는 무릎이 아픈 듯이 계속 무릎을 두드렸다.

영수는 화가 난 듯이 아무 말도 하지 않았다.

부모님은 아들의 합격 소식을 듣고 뛸 듯이 기뻐했다.

가: 발표 전에는 배가 아프다고 하더니 지금은 괜찮아요?
나: 발표가 끝나고 나니까 씻은 듯이 나았어요.

가: 흐엉 씨가 취직 시험에 합격했대. 정말 잘 됐지?
나: 흐엉 씨가 합격했는데 네가 합격한 듯이 좋아하네.

• 참고

현재 상황일 때는 '-는 듯이', 완료된 상황일 때는 '-은/ㄴ 듯이', 일어날 것 같은 상황을 나타낼 때는 '-을/ㄹ 듯이'를 쓴다.

⟨2⟩ 현대인의 소통 수단

1. -는/은/ㄴ 법이다

• 의미와 용법

동사나 형용사에 붙어 자연스러운 법칙이나 당연히 그러하거나 그렇게 해야 함을 나타낸다.

• 활용

동사, '있다', '없다'의 어간 뒤에는 '-는 법이다', 'ㄹ'이외의 자음으로 끝나는 형용사 어간에는 '-은 법이다', 모음이나 'ㄹ'로 끝나는 형용사 어간에는 '-ㄴ 법이다' 를 쓴다.

앞에 오는 어간	결합 형태	예
동사, 있다, 없다	-는 법이다	자는 법이다, 보는 법이다, 있는 법이다
자음(형용사)	-은 법이다	많은 법이다, 괜찮은 법이다, 싫은 법이다
모음, ㄹ(형용사)	-ㄴ 법이다	행복한 법이다, 아픈 법이다, 힘든 법이다

• 예문

겨울이 가면 봄이 오는 법이다.

무슨 일이든지 서두르면 실수하기 쉬운 법이다.

아무리 좋은 말도 여러 번 들으면 듣기 싫은 법이다.

모든 일에는 순서가 있는 법이다.

가: 김 과장이 잘못을 했는데 이 대리가 회사를 그만뒀대요.
나: 잘못한 사람이 책임을 져야 하는 법인데 왜 이 대리가 그만뒀대요?

가: 지난주부터 요가를 배우기 시작했는데 생각보다 어려워요.
나: 뭐든지 처음 배울 때는 어려운 법이에요. 배우다가 보면 익숙해질 거예요.

2. -는다고/ㄴ다고/다고 할 수 있다

• 의미와 용법

동사나 형용사 뒤에 붙어 보통 사람들의 생각과 크게 다르지 않아서 그렇게 이야기해도 문제가 없다는 것을 나타낸다.

• 활용

동사의 어간이 'ㄹ'이외의 자음으로 끝나면 '-는다고 할 수 있다', 모음이나 'ㄹ'로 끝나면 '-ㄴ다고 할 수 있다', 형용사의 어간 뒤에는 '-다고 할 수 있다'를 쓴다. '명사+이다'의 '이다'는 명사가 자음으로 끝나면 '이라고 할 수 있다', 명사가 모음으로 끝나면 '라고 할 수 있다'로 쓰인다.

앞에 오는 어간	결합 형태	예
자음(동사)	-는다고 할 수 있다	읽는다고 할 수 있다, 입는다고 할 수 있다, 믿는다고 할 수 있다
모음, ㄹ(동사)	-ㄴ다고 할 수 있다	간다고 할 수 있다, 좋아한다고 할 수 있다, 만든다고 할 수 있다
형용사	-다고 할 수 있다	많다고 할 수 있다, 중요하다고 할 수 있다, 멀다고 할 수 있다
명사+이다(자음)	이라고 할 수 있다	학생이라고 할 수 있다, 휴일이라고 할 수 있다

명사+이다(모음)	라고 할 수 있다	부자라고 할 수 있다, 관광지라고 할 수 있다

• 예문

하루에 5시간 정도 자니까 다른 사람보다 적게 잔다고 할 수 있다.
홍대는 젊은이의 거리라고 할 수 있다.
명동은 서울에서 가장 유명한 관광지라고 할 수 있다.
피아노를 10년쯤 배웠으니까 오래 배웠다고 할 수 있다.

가: 미나 씨, 키가 170cm니까 한국에서는 큰 편이지요?
나: 네, 한국 여자 중에서는 크다고 할 수 있지요.

가: 한국에 오신 지 얼마나 되셨어요?
나: 20년 됐어요. 이제 한국은 저한테 고향과 같은 곳이라고 할 수 있어요.

• 참고

이미 끝난 사실을 말할 때에는 '-었다고 할 수 있다'를 쓴다.

연습 문제

1과 <1> 건강에 좋은 음식

어휘

1. 알맞은 단어를 골라서 (   ) 안에 쓰십시오.

밥상　　잡곡밥　　마음먹다　　시키다　　차리다　　그러게　　마침

1) **가** 11월인데 벌써 겨울이 된 것 같이 춥다.
   나 (   ). 오늘은 옷을 따뜻하게 입어야 할 것 같아.
2) 하얀 쌀밥보다 (   )을/를 먹는 것이 건강에 더 좋다.
3) 한국 사람들의 (   )에는 보통 밥과 국, 김치가 있다.
4) 건강이 안 좋아져서 날마다 운동을 하기로 (   )었다/았다/였다.
5) 밥을 먹은 후에 소화를 잘 (   )으려면/려면 산책을 하는 것이 좋다.
6) 형한테 전화하려고 전화기를 들었는데 그때 (   ) 형한테서 전화가 왔다.
7) 언니와 내가 어머니의 생신을 축하해 드리기 위해서 상을 (   )었더니/았더니/였더니 어머니가 크게 기뻐하셨다.

문법1 -다가 보니까

1. 다음을 연결하고 보기 와 같이 쓰십시오.

보기 서울에서 오래 산다	새벽 2시가 됐어요.
1) 며칠 동안 계속 야식을 먹는다	살이 좀 찐 것 같아요.
2) 정신없이 보고서를 쓴다	전보다 못하게 된 것 같아요.
3) 어렸을 때 자주 걷던 길을 걷는다	이제 서울이 고향이 된 것 같아요.
4) 요즘 일본말 공부를 열심히 안 한다	옛날로 돌아간 것 같은 기분이 드는군요.
5) 정보를 검색할 때 휴대 전화를 자주 사용한다	이제는 컴퓨터가 켜져 있어도 휴대 전화로 검색해요.

보기 서울에서 오래 살다가 보니까 이제 서울이 고향이 된 것 같아요.

1) ______________________
2) ______________________
3) ______________________
4) ______________________
5) ______________________

2. 레오 씨가 윤아 씨에게 영희 씨와 친해진 과정에 대해 질문하고 있습니다. 읽고 보기 와 같이 대화를 완성하십시오.

레오 윤아 씨는 어떻게 영희 씨와 친해지게 되었어요?

윤아 처음 직장에 들어왔을 때 영희가 제 옆 자리에 있었어요. 그렇게 옆 자리에서 보기 **일하다가 보니까** 자연스럽게 같이 점심을 자주 먹게 됐어요. 그리고 그렇게 같이 **1)** ______________ 자연스럽게 이야기도 많이 하게 되었고요. 어제도 집에서 같이 **2)** ______________ 12시가 넘었어요. 둘이 이야기를 하면 시간 가는 줄 몰라요.

레오 그럼 두 분이 어떻게 같이 살게 되었어요?

윤아 이야기하다가 영희가 룸메이트를 구하고 있다고 하는 사실을 알게 되었어요. 저도 이사하려고 했거든요. 그래서 같이 살게 된 거예요. 그런데 이사하는 날 같이 짐을 정리했는데 **3)** ______________ 제가 가지고 있는 것과 똑같은 초등학교 졸업 앨범을 윤아도 가지고 있었어요. 얼마나 신기했는지 몰라요. 그 이후로 우리는 늘 함께 시간을 보낸 것 같아요. 그렇게 같이 **4)** ______________ 이제 우리는 서로 모르는 게 없는 사이가 됐어요.

레오 그렇게 된 거군요. 두 분이 같이 산 지 5년이 됐다고 했지요?

윤아 네, 벌써 그렇게 됐어요. 오랜 시간 같이 **5)** ______________ 이제 영희는 가족 같아요.

문법2 -을/ㄹ 겸

1. 표를 보고 보기 와 같이 쓰십시오.

	행동	행동의 목적	
보기	인천에 다녀왔다.	기분 전환	지원할 회사의 공장 견학
1)	지원할 회사에 가 봤다.	회사 구경	지원 서류를 내려고
2)	지원할 회사에 다니는 선배를 만났다.	지원할 회사에 대한 정보를 들으려고	그 회사의 분위기를 알아보려고
3)	친구의 생일 파티를 할 식당에 직접 가 봤다.	점심 식사	파티 장소 예약
4)	백화점에 다녀왔다.	여름옷 쇼핑	부모님 선물을 사려고
5)	빵집에 갔다 왔다.	케이크 주문	내일 아침에 먹을 빵을 사려고

보기 기분 전환도 할 겸 지원할 회사의 공장도 견학할 겸 인천에 다녀왔어요.

1) ____________________

2) ____________________

3) ____________________

4) ____________________

5) ____________________

2. 보기 와 같이 대화를 완성하십시오.

보기 가 오늘은 왜 나가지 않고 집에 하루 종일 있었어요?
나 시험공부도 할 겸 밀린 집안일도 할 겸 집에 하루 종일 있었어요.

1) 가 아르바이트를 시작하셨나 봐요.
나 네, ____________________ 아르바이트를 시작했어요.

2) 가 커피숍에 자주 가시는군요.
나 네, ____________________ 커피숍에 자주 가요.

3) 가 날마다 한국 드라마를 보시는군요.
나 네, ____________________ 한국 드라마를 봐요.

4) 가 지난 주말에 설악산에 다녀오셨다면서요?
나 네, ____________________

5) 가 노래방에 자주 가세요?
나 네, ____________________

어휘

1. 알맞은 단어를 골라서 (　　　) 안에 쓰십시오.

방해　숙면　놓다　들이다　잠들다　아무래도

1) 책을 좋아하는 우리 아이는 늘 손에서 책을 (　　　　　)지 않는다.
2) 자기 전에 따뜻한 우유를 마시는 것이 (　　　　　)에 도움이 된다고 한다.
3) 시간을 낭비하지 않으려면 (　　　　　) 학교 근처로 이사를 오는 것이 좋겠다.
4) 유키가 불도 끄지 않고 (　　　　　)는/은/ㄴ 걸 보니 많이 피곤했나 보다.
5) 어렸을 때부터 좋은 습관을 (　　　　　)어야/아야/여야 건강하게 생활할 수 있다.
6) 공부하려고 마음먹고 책상 앞에 앉았는데 동생이 계속 말을 걸어서 공부에 (　　　　　)이/가 되었다.

문법1 도 이지만

1. 보기 와 같이 쓰십시오.

보기 이 카페는 분위기가 좋다. 하지만 그것보다 커피가 맛있어서 좋다.
→ 이 카페는 분위기도 분위기지만 커피가 맛있어서 좋다.

1) 그 영화는 내용이 좋다. 하지만 그것보다 배우들의 연기가 정말 좋다.

→ ______________________________

2) 그 물건은 값이 싸서 마음에 든다. 하지만 그것보다 디자인이 예뻐서 정말 마음에 든다.

→ ______________________________

3) 돈을 잃어버려서 기분이 나쁘다. 하지만 그것보다 소중한 사진을 잃어버려서 더 기분이 나쁘다.

→ ______________________________

4) 그 배우는 외모가 훌륭하다. 하지만 그것보다 연기를 정말 잘해서 좋다.

→ ______________________________

5) 귀찮아서 나가기가 싫다. 하지만 그것보다 날씨가 추워서 더 나가기가 싫다.

→ ______________________________

2. 보기 와 같이 대화를 완성하십시오.

> 보기 가 일을 그만뒀다면서요? 적성에 맞지 않아서 그만뒀어요?
> 나 적성도 적성이지만 직장 분위기가 좋지 않아서 그만뒀어요.

1) 가 숙제가 많아서 학교생활이 힘들지요?

나 ______________________________ 발표 준비가 많아서 힘들어요.

2) 가 월급이 많아서 회사가 마음에 드는 거예요?

나 ______________________________ 어서/아서/여서 마음에 들어요.

3) 가 집이 커서 좋지요?

나 ______________________________ 어서/아서/여서 좋아요.

4) 가 영수 씨는 능력이 뛰어나서 동료들이 함께 일하고 싶어 하나 봐요.

나 ______________________________

5) 가 중국어 공부를 그만뒀다면서요? 어려워서 그만뒀어요?

나 ______________________________

문법2 -지요

1. 보기 와 같이 쓰십시오.

> 보기 서울 야경을 보려면 역시 서울 타워가 제일 좋아요.
> → 서울 야경을 보려면 역시 서울 타워가 제일 좋지요.

1) 당연히 저도 졸업 여행을 가요.

→ ______________________________

2) 친구에게 그렇게 심한 말을 하면 안 돼요.

→ ______________________________

3) 스트레스가 많이 쌓이면 실수를 할 수도 있어요.

→ ______________________________

4) 아무래도 한국 친구를 사귀면 한국말이 빨리 늘어요.

→ ______________________________

5) 20년 전에 이 동네는 교통이 참 불편했어.

→ ______________________________

2. 친구에게 이성 친구를 소개해 주려고 합니다. 보기 와 같이 대화를 완성하십시오.

친구 네가 소개해 주려고 하는 그 친구는 잘 생겼어?

나 그럼, 보기 잘 생겼지.

친구 키도 커?

나 그럼, 1) ______________________ 얼마나 멋있는지 몰라.

친구 운동을 잘해?

나 그럼, 2) ______________________ 못하는 운동이 없어.

친구 요리도 잘해?

나 그럼, 3) ______________________

친구 성격도 좋아?

나 그럼, 4) ______________________

친구 유머 감각도 있어?

나 그럼, 5) ______________________ 같이 이야기하면 시간 가는 줄 몰라.

친구 그런데 왜 여자 친구가 없을까?

2과 <1> 한국어 학습 목적

어휘

1. 알맞은 단어를 골라서 (   ) 안에 쓰십시오.

계기　　기업　　관련되다　　진출하다　　우연히

1) 김영수 사장은 작은 옷가게를 세계적인 (   )으로/로 키웠다.
2) 경찰은 이번 사건과 (   )는/은/ㄴ 사람들이 모두 잡혔다고 발표했다.
3) 이번에 우리 회사가 베트남에 (   )어서/아서/여서 나는 내년부터 베트남에서 일하게 됐다.
4) 이번 일을 (   )으로/로 두 사람은 친해지게 되었다.
5) 며칠 전에 학교 앞에서 (   ) 고등학교 동창을 만났다.

문법1 어찌나 -는지/은지/ㄴ지

1. 다음을 연결하고 보기 와 같이 쓰십시오.

보기 엄마가 끓인 김치찌개는 맛있다 ●	● 매일 보고 싶어요.
1) 해야 할 일이 많다 ●	● 쉴 시간이 거의 없어요.
2) 선우 씨는 기억력이 좋다 ●	● 가수를 해도 될 것 같아요.
3) 올해 태어난 조카가 귀엽다 ●	● 매일 먹어도 싫증이 나지 않아요.
4) 에릭 씨는 노래를 잘한다 ●	● 다 치울 때까지 3시간이나 걸렸어요.
5) 눈이 많이 쌓였다 ●	● 한 번 본 것은 다 기억해요.

보기 엄마가 끓인 김치찌개는 어찌나 맛있는지 매일 먹어도 싫증이 나지 않아요.

1) ______________________________
2) ______________________________
3) ______________________________
4) ______________________________
5) ______________________________

2. 알맞은 것을 골라서 보기 와 같이 대화를 완성하십시오.

보기 가 미리 씨, 왜 이렇게 늦었어요?
나 어찌나 길이 많이 막히는지 평소보다 1시간이나 더 걸렸어요.

1) 가 왜 이렇게 옷을 많이 샀어요?
나 ______________________ 안 살 수가 없었어요.

2) 가 목소리가 왜 그래요?
나 ______________________ 목이 다 쉬었어요.

3) 가 다리가 많이 아파요?
나 네, ______________________ 다리가 퉁퉁 부었어요.

4) 가 왜 저녁을 안 드세요? 아직 배가 안 고프세요?
나 네, ______________________

5) 가 방학에 고향에 돌아간다고 들었는데 왜 안 갔어요?
나 ______________________

문법2 -도록[1]

1. 알맞은 것을 골라서 보기 와 같이 쓰십시오.

룸메이트가 잠에서 깨지 않다	다른 사람이 이해할 수 있다
숙제가 밀리지 않다	부모님께서 걱정하시지 않다
약속 시간을 잊지 않다	친구들이 충분히 먹을 수 있다

보기 룸메이트가 잠에서 깨지 않도록 조용히 방에 들어갔어요.

1) ______________________ 부모님께 자주 연락을 드려야겠어요.

2) ______________________ 쉬운 단어로 천천히 설명하세요.

3) ______________________ 매일 숙제하는 습관을 들이세요.

4) ______________________ 여유 있게 음식을 준비했어요.

5) ______________________ 알람을 맞춰 놓았어요.

2. 보기 와 같이 대화를 완성하십시오.

> 보기 가 에릭 씨, 이번에도 장학금을 받았어요?
> 나 아니요. 못 받았어요. 다음 학기에는 장학금을 받을 수 있도록 노력해야겠어요.

1) 가 제임스 씨, 칠판에 쓰여 있는 글씨가 잘 보여요?

나 아니요. 글씨가 작아서 잘 안 보여요. ______________________ 크게 써 주세요.

2) 가 우진 씨, 지하철에 사람이 많은데 왜 저 자리에 아무도 안 앉아요?

나 저 자리는 노약자석이에요. ______________________ 자리를 비워 놓아야 해요.

3) 가 손님, 매운 맛과 맵지 않은 맛이 있는데 어떻게 해 드릴까요?

나 아이와 같이 먹을 거예요. ______________________ 맵지 않게 해 주세요.

4) 가 요즘 기억력이 점점 나빠지는 것 같아요. 가족들의 생일도 가끔 잊어버려요.

나 ______________________

5) 가 아침에 집에서 나갈 때 가끔 지갑이 어디에 있는지 모를 때가 있어요.

나 ______________________

2과 <2> 효과적인 학습 방법

어휘

1. 알맞은 단어를 골라서 (   ) 안에 쓰십시오.

매체 수준 효과적 의존하다 상당히 서서히

1) 미리 씨는 어려운 일이 있을 때마다 남에게 (   )으려고/려고 한다.
2) 출발 시간이 되자 기차가 (   ) 움직이기 시작했다.
3) 윤아는 어릴 때부터 피아노를 쳐서 거의 피아니스트 (   )으로/로 피아노를 연주할 수 있다.
4) 자기 생각을 (   )으로/로 표현하기 위해서는 알맞은 단어를 잘 선택해야 한다.
5) 그는 한국어를 배운 지 일 년밖에 안 되었는데도 한국어를 (   ) 잘한다.
6) 외국어를 공부할 때 책뿐만 아니라 라디오, 인터넷 등 다양한 (   )을/를 활용하면 좋다.

문법 1 -을/ㄹ 게 아니라

1. 다음을 연결하고 보기 와 같이 쓰십시오.

보기 주말에 집에만 있다	따뜻한 차를 드세요.
1) 밤에 잠이 안 오면 술을 마시다	직접 만나서 사과하세요.
2) 문자 메시지로 사과하다	건강 검진을 받아 보세요.
3) 건강 때문에 고민만 하다	가 본 사람에게 직접 물어보세요.
4) 단어만 외우다	단어가 들어간 문장을 외워 보세요.
5) 인터넷으로만 여행 정보를 찾다	나가서 산책이라도 하는 게 어때요?

보기 주말에 집에만 있을 게 아니라 나가서 산책이라도 하는 게 어때요?

1) ______________________________
2) ______________________________
3) ______________________________
4) ______________________________
5) ______________________________

2. 보기 와 같이 대화를 완성하십시오.

> 보기 가 친구 때문에 화가 많이 났는데 그냥 참았어요. 그런데 화가 풀리지 않아요.
> 나 그렇게 참을 게 아니라 친구에게 솔직하게 이야기하세요.

1) 가 수업 시간에 배운 내용을 이해하기가 힘들어서 숙제 할 때 힘들어요.

나 ______________________________ 친구들과 함께 공부하면서 도움을 받아 보세요.

2) 가 노트북에 문제가 있어서 서비스 센터에 계속 전화를 하는데 안 받아요.

나 그렇게 ______________________________ 직접 서비스 센터에 찾아가 보세요.

3) 가 인터넷에 언어 교환할 사람을 찾는 글을 올렸는데 아직 친구를 못 찾았어요. 한 번 더 글을 써서 올릴까요?

나 ______________________________ 학교 게시판에도 언어 교환 친구를 찾는 글을 붙여 보세요.

4) 가 약을 먹는데도 계속 배가 아파요.

나 ______________________________

5) 가 숙제를 열심히 하는데도 한국어 실력이 늘지 않아요.

나 ______________________________

문법2 -기에는

1. 보기 와 같이 쓰십시오.

> 보기 이 신문 기사 / 외국인이 사전 없이 이해하다 / 어렵다
> → 이 신문 기사는 외국인이 사전 없이 이해하기에는 어려워요.

1) 삼겹살 5인분 / 두 사람이 먹다 / 많다

→ ______________________________

2) 피자 1판 / 5명이 먹다 / 너무 적다

→ ______________________________

3) 오늘 날씨 / 반팔 옷을 입다 / 춥다

→ ______________________________

4) 이 문제 / 초등학생이 풀다 / 어렵다

→ ______________________________

5) 이 짐 / 혼자 들다 / 너무 무겁다

→ ______________________________

2. 보기 와 같이 대화를 완성하십시오.

윤아 원룸을 구한다고 하더니 마음에 드는 원룸을 구했어요?

흐엉 아니요. 저는 친구와 같이 살 건데 어제 본 원룸은 보기 **친구와 같이 살기에는** 좀 작은 것 같았어요.

윤아 방이 작으면 월세가 좀 싸지 않아요?

흐엉 아니요. 한 달 월세가 80만 원인데 80만 원은 **1)** ______________ 큰돈이에요.

윤아 그렇군요. 그럼 다른 원룸은 어땠어요?

흐엉 다른 곳은 방도 크고 월세도 적당해요. 하지만 5층인데 엘리베이터가 없어서 **2)** ______________ 힘들 것 같아요.

윤아 그럼 유키 씨가 사는 오피스텔이 깨끗하고 시설도 좋다고 하던데 그곳에 한번 가 보세요.

흐엉 유키 씨가 사는 곳은 학교까지 걸어서 30분쯤 걸린대요. **3)** ______________ 좀 멀어요.

직원 어서 오세요. 뭘 도와 드릴까요?

고객 제가 옷을 선물 받았는데 **4)** ______________ 사이즈가 좀 커서요. 교환할 수 있을까요? 여기 영수증도 있어요.

직원 죄송합니다만 **5)** ______________ 교환이 가능한 기간이 많이 지나서 어려울 것 같습니다.

어휘

1. 알맞은 단어를 골라서 (　　) 안에 쓰십시오.

무표정	예전	꼼꼼하다	내성적이다	덜렁거리다	울먹거리다	활발하다

1) 정민이는 항상 (　　　　　)어서/아서/여서 물건을 자주 잃어버린다.
2) 직장 동료가 늘 (　　　　　)이어서/여서 무슨 생각을 하는지 모르겠다.
3) 내 동생은 (　　　　　)어서/아서/여서 실수를 잘 하지 않는다.
4) 아이가 아이스크림을 떨어뜨린 후 (　　　　　)으면서/면서 엄마를 찾았다.
5) 내 동생은 (　　　　　)어서/아서/여서 마음속에 있는 말을 잘 하지 않는다.
6) 친구가 (　　　　　)에는 연락을 자주 했는데 요즘에는 연락을 하지 않는다.
7) 성격이 (　　　　　)는/은/ㄴ 사람은 다른 사람들과 쉽게 친해진다.

문법1 -었던/았던/였던 것 같다

1. 민철 씨와 영준 씨가 초등학교 때 일에 대해 이야기하고 있습니다. 보기 와 같이 대화를 완성하십시오.

> 보기 민철 영준아, 우리 초등학교 때 한 반의 학생이 몇 명이었는지 기억나?
> 영준 50명 정도 있었던 것 같아.

1) 민철 우리 6학년 때 몇 시에 수업이 끝났는지 기억나?
영준 ________________________ (3시 반)

2) 민철 한 학년에 몇 반까지 있었지?
영준 ________________________ (10반)

3) 민철 우리 반 친구들 중에서 누가 장난을 많이 쳤는지 기억이 나?
영준 ________________________ (준석)

4) 민철 학교 앞에 있던 문구점 이름이 뭐였지?
영준 ________________________ (행복 문구점)

5) 민철 6학년 때 졸업 여행을 어디로 갔었지?
영준 ________________________ (경주)

2. 보기 와 같이 대화를 완성하십시오.

> 보기 가 언제 한국 사람을 처음 봤어요?
> 나 중학교 때 처음 봤던 것 같아요.

1) 가 수업 첫날 친구들과 무슨 이야기를 했어요?
나 ____________________

2) 가 한국에 처음 왔을 때 날씨가 어땠어요?
나 ____________________

3) 가 처음 본 한국 영화는 뭐예요?
나 ____________________

4) 가 언제 처음 한국말을 들었어요?
나 ____________________

5) 가 언제 처음 한국에 가야겠다고 생각했어요?
나 ____________________

문법2 -더니[1]

1. 다음을 연결하고 보기 와 같이 쓰십시오.

보기 흐엉 씨가 예전에는 낯을 많이 가렸다 •	• 이번 주에 시원해졌어요.
1) 주희 씨가 처음 회사에 들어왔을 때는 인사를 질 안 했다 •	• 요즘에는 운전을 아주 잘해요.
2) 주아는 어릴 때 자주 아팠다 •	• 크고 나서는 뭐든지 다 잘 먹어요.
3) 동생이 초등학교 때는 편식을 했다 •	• 이제는 처음 본 사람들과 이야기를 잘해요.
4) 지난주에는 날씨가 더웠다 •	• 요즘에는 인사를 잘해요.
5) 민준 씨가 1년 전에는 운전하는 것을 무서워했다 •	• 어른이 된 후에는 건강해졌어요.

보기 흐엉 씨가 예전에는 낯을 많이 가리더니 이제는 처음 본 사람들과 이야기를 잘해요.

1) ____________________
2) ____________________
3) ____________________
4) ____________________
5) ____________________

2. 보기 와 같이 대화를 완성하십시오.

> 보기 가 제임스 씨가 취직을 한 후에 많이 달라졌어요?
> 나 네, 학교에 다닐 때는 소극적이더니 요즘 직장에서는 적극적으로 일해요.

1) 가 지금도 차가 많이 밀려요?

나 아니요, ______________________________ 지금은 차가 별로 없어요.

2) 가 지금 학교 앞 식당에 사람이 많아요?

나 네, ______________________________ 지금은 사람이 많아요.

3) 가 요즘에도 조셉 씨가 친구들을 자주 만나요?

나 아니요, ______________________________ 요즘에는 바빠서 그런지 자주 안 만나요.

4) 가 미선 씨는 요즘도 날마다 운동을 해요?

나 아니요, ______________________________

5) 가 존슨 씨, 동생이 요즘도 노래방에 자주 가요?

나 아니요, ______________________________

3과 <2> 환경의 영향

어휘

1. 알맞은 단어를 골라서 (   ) 안에 쓰십시오.

불평　영향　이기적　정　평생　소심하다　타고나다

1) 요즘 자기 자신만 생각하는 (   )인 사람이 많다고 하지만 내 주변에는 남을 도와주는 사람들이 더 많다.
2) 예술적인 감각은 (   )는/은/ㄴ 것이라고 생각한다.
3) 할아버지는 (   ) 어려운 이웃을 도우면서 사셨다.
4) (   )을/를 많이 하는 사람을 보면 기분이 나빠진다.
5) 내 동생은 선생님이신 어머니의 (   )으로/로 선생님이 되었다.
6) 동창 준수는 너무 (   )어서/아서/여서 다른 사람의 말에 상처를 잘 받는다.
7) 우리 할머니는 (   )이/가 많으셔서 주위 사람들을 잘 챙겨 주신다.

문법1

-는다고/ㄴ다고/다고 해서[2]

1. 보기 와 같이 쓰십시오.

	에릭의 생각	하늘의 생각
보기	돈이 많으면 뭐든지 할 수 있다.	돈이 많다고 해서 뭐든지 할 수 있는 것은 아니다.
1)	휴대 전화를 오랫동안 보면 눈이 나빠진다.	______________________ 꼭 눈이 나빠지는 것은 아니다.
2)	내 일만 열심히 하면 성공할 수 있다.	______________________ 모두 성공을 하는 것은 아니다.
3)	대화를 충분히 하면 싸우지 않는다.	______________________ 싸우지 않는 것은 아니다.
4)	운동을 열심히 하면 살이 빠진다.	
5)	양손을 다 쓰는 사람은 머리가 좋다.	

2. 보기 와 같이 대화를 완성하십시오.

보기 가 노래에 재능이 있으면 가수로 성공할 수 있을까요?
나 노래에 재능이 있다고 해서 꼭 가수로 성공하는 것은 아니에요.

1) 가 시장에서 물건을 사면 돈을 아낄 수 있어요?
나 ______________________ 모두 돈을 아낄 수 있는 것은 아니에요.

2) 가 매운 음식을 자주 먹다가 보면 매운 음식을 잘 먹게 될까요?
나 ______________________ 모두 매운 음식을 잘 먹게 되는 건 아니에요.

3) 가 너무 바빠서 공부할 시간이 없어요.
나 ______________________ 공부를 안 하면 안 되지요.

4) 가 담뱃값을 올리면 사람들이 담배를 덜 피울까요?
나 ______________________

5) 가 외동딸, 외동아들은 예의가 없어요?
나 ______________________

문법2 처럼

1. 보기 와 같이 쓰십시오.

보기	아이	순수하다.
1)	운동선수	운동을 열심히 한다.
2)	모델	허리를 펴고 걷는다.
3)	저 배우	한 번 보면 잊을 수 없다.
4)	우리 팀장님	누구에게나 실력을 인정받는다.
5)	우리 이모	좋아하는 일을 하면서 산다.

보기 내 친구 준석이는 아이처럼 순수하다.

1) 내 친구 주앙은 ______________________

2) ______________________ 으면/면 건강에 좋다고 한다.

3) 나는 ______________________ 는/은/ㄴ 배우가 될 것이다.

4) 나는 ______________________ 는/은/ㄴ 사람이 되고 싶다.

5) 내 동생은 ______________________ 었으면/았으면/였으면 좋겠다고 항상 말한다.

2. 보기 와 같이 대화를 완성하십시오.

보기 가 지훈 씨는 꿈이 뭐예요?
나 저 가수처럼 사람들의 마음을 움직이는 노래를 부르고 싶어요.

1) 가 어떤 사람을 사귀고 싶어요?
나 ______________________ 똑똑한 사람을 만나고 싶어요.

2) 가 어떤 부모가 되고 싶어요?
나 ______________________ 아이를 믿어 주는 부모가 되고 싶어요.

3) 가 어떤 일을 하고 싶어요?
나 ______________________ 개인 시간이 자유로운 일을 하고 싶어요.

4) 가 지금 살고 있는 집이 편해요?
나 네, ______________________

5) 가 나이가 든 후에 어떻게 살고 싶어요?
나 ______________________

4과 <1> 진로 고민

어휘

1. 알맞은 단어를 골라서 (　　　) 안에 쓰십시오.

담당자　박람회　부담　일거양득　진로　시도하다　게다가

1) 어제 도서 (　　　　　)에 가서 책도 구경하고 마음에 드는 책도 여러 권 샀다.

2) 면세점 회원 가입과 관련해서 알아볼 것이 있어서 (　　　　　)에게 전화를 했다.

3) 내 친구 윤아는 성격이 밝다. (　　　　　) 마음도 넓어서 친구들에게 인기가 많다.

4) 지난번 시험을 잘 못 봤기 때문에 이번 시험을 잘 봐야 해서 (　　　　　)이/가 크다.

5) 이번 '선배들과의 만남' 행사는 나의 (　　　　　)에 대해 다시 한번 생각해 볼 수 있는 기회가 되었다.

6) 얼마 전에 달리기 동호회에 들었는데 운동도 할 수 있고 새 친구들도 많이 사귈 수 있어서 (　　　　　)이다.

7) 그 과학자는 다른 사람들이 하지 않은 연구를 처음 (　　　　　)었기/았기/였기 때문에 더 힘들었다고 말했다.

문법1 **-고 보니까**

1. 다음을 연결하고 보기 와 같이 쓰십시오.

보기 우유를 마셨다 ●	● 햄을 넣지 않았다.
1) 국에 넣었다 ●	● 내가 너무 일찍 왔다.
2) 버스에서 내렸다 ●	● 소금이 아니라 설탕이었다.
3) 친구의 말을 들었다 ●	● 유통 기한이 지난 것이었다.
4) 샌드위치를 다 만들었다 ●	● 친구가 왜 화가 났는지 알게 됐다.
5) 약속 장소에 도착했다 ●	● 내가 내리려고 한 정류장이 아니었다.

보기 우유를 마시고 보니까 유통 기한이 지난 것이었다.

1) ________________________________

2) ________________________________

3) ________________________________

4) ________________________________

5) ________________________________

2. 보기 와 같이 대화를 완성하십시오.

유키 한국에서 다시 만나게 돼서 정말 반가워요. 한국의 겨울이 많이 춥지요?

린 한국의 겨울이 춥다고 하는 이야기를 많이 들어서 한국에 오기 전까지 걱정을 많이 했어요. 그런데 한국에 보기 도착하고 보니까 날씨가 생각만큼 춥지 않았어요.

유키 유학 생활이 어때요? 힘들지 않아요?

린 힘들 줄 알았는데 유학 생활을 1) ________________ 생각보다 별로 힘들지 않아요.

유키 정말 다행이네요. 사는 집은 마음에 들어요?

린 제가 직접 가서 보고 고른 게 아니라서 이사하기 전까지 조금 걱정을 했는데 2) ________________ 조용하고 따뜻해서 마음에 들어요.

유키 그렇군요. 그런데 왜 집을 직접 고르지 않았어요?

린 제가 수업이 시작되는 날짜를 착각해서 급하게 한국에 왔거든요. 그래서 한국에 있는 친구가 자기 집 근처에 있는 집을 구해 줬어요. 친구가 도와주지 않았으면 그렇게 좋은 집을 구하지 못했을 거예요. 게다가 힘든 점이 없는지 친구가 자주 물어봐 주고 많이 챙겨 줘서 여러 가지로 도움을 많이 받았어요.

유키 린 씨 이야기를 3) ________________ 유학 생활에 적응하기까지 그 친구의 도움이 컸군요. 그런데 집에서 학교에 가는 것은 편해요?

린 처음에는 길을 잘 몰라서 실수를 좀 했어요. 어느 날 버스를 4) ________________ 버스가 학교 방향으로 가지 않아서 당황한 적도 있어요. 지금은 익숙해져서 그런 실수는 안 해요. 집에 같이 가는 친구도 생겼어요. 친해지기 전에는 차가운 사람일 것 같다고 생각했는데 5) ________________ 다정한 사람이었어요. 좋은 친구들 덕분에 한국 생활이 즐거워요.

문법2 -을/ㄹ 텐데

1. 다음을 연결하고 보기 와 같이 쓰십시오.

보기 차가 뜨거울 것이다	집에 가서 쉬세요.
1) 여행을 가면 많이 걸어야 할 것이다	우진 씨에게 물어볼까요?
2) 컴퓨터는 우진 씨가 잘 알 것이다	환전을 좀 미루는 게 어때요?
3) 피곤할 것이다	빨리 냉동실에 넣으세요.
4) 환율이 계속 바뀔 것이다	편한 신발을 신는 게 어때요?
5) 날이 더워서 아이스크림이 녹을 것이다	조금 식혀서 드세요.

보기 차가 뜨거울 텐데 조금 식혀서 드세요.

1) ______

2) ______

3) ______

4) ______

5) ______

2. 보기 와 같이 대화를 완성하십시오.

보기 가 하늘 씨 집에 뭘 사 가지고 가면 좋을까요?
나 하늘 씨 가족들도 집에 있을 텐데 다 같이 먹을 수 있는 케이크가 어때요?

1) 가 에릭 씨에게 물어볼 것이 있는데 지금 전화를 하면 받을까요?

나 ______ 메시지를 보내는 게 어때요?

2) 가 우리 같이 시험공부를 해요.

나 좋아요. 참, 웨이 씨가 이번 학기가 처음이라서 시험 준비하기가 ______ 같이 하자고 할까요?

3) 가 발표회 잘 봤어요. 열심히 준비하셨네요.

나 ______ 발표회를 보러 와 주셔서 정말 감사합니다.

4) 가 토요일에 영화를 보러 갈까요?

나 ______

5) 가 짐이 좀 많아서 공항까지 택시로 가려고 해요.

나 ______

4과 <2> 취업 박람회

어휘

1. 알맞은 단어를 골라서 (   ) 안에 쓰십시오.

답변 영업 자격 지원자 쪽 대하다

1) 그 배우는 기자들의 질문에 아무 (   )도 하지 않았다.
2) (   ) 일을 하는 사람들 중에는 성격이 활발한 사람이 많다.
3) 신입 사원을 10명밖에 뽑지 않는데 (   )이/가 100명이 넘었다.
4) 흐엉 씨는 항상 밝은 표정으로 사람들을 (   )기 때문에 사람들이 흐엉 씨를 좋아한다.
5) 그 선수는 지난 1년 동안 꾸준히 좋은 모습을 보였으니까 이 상을 받을 (   )이/가 충분하다.
6) 내 친구들 중에는 방송 (   ) 일을 하고 싶어서 신문방송학과에 들어가려고 하는 친구가 많다.

문법1

-는지요/은지요/ㄴ지요?

1. 보기 와 같이 쓰십시오.

보기 교수님은 몇 시에 돌아오세요? → 교수님은 몇 시에 돌아오시는지요?

1) 어떤 음식을 좋아하세요? → ______________________
2) 어디 불편한 데는 없으세요? → ______________________
3) 비용이 모두 얼마예요? → ______________________
4) 주말 동안 잘 쉬셨어요? → ______________________
5) 이 문제는 어느 분께 말씀드려야 해요? → ______________________

2. 보기 와 같이 대화를 완성하십시오.

보기 가 안녕하세요? 그동안 어떻게 지내셨는지요?
나 네, 덕분에 잘 지냈습니다.

1) 가 요즘 건강은 ______________________
나 전보다 건강이 많이 좋아졌습니다.

2) 가 이번 연휴에 ____________________

나 아니요, 이번 연휴에는 일이 많아서 고향에 못 가게 됐습니다.

3) 가 무슨 요일에 찾아뵙는 것이 ____________________

나 저는 화요일이나 수요일이 좋습니다.

4) 가 ____________________

나 저희 도서관 이용 시간은 밤 10시까지입니다.

5) 가 ____________________

나 네, 잘 받았습니다. 오늘 안으로 답장드리겠습니다.

문법2 -는/은/ㄴ 경우에

1. 다음을 연결하고 보기 와 같이 쓰십시오.

보기 제품에 이상이 있다	성인 요금을 내야 합니다.
1) 키가 130cm가 안 된다	매장 직원에게 말씀해 주세요.
2) 오후 3시 이전에 주문한다	고객 센터로 연락해 주십시오.
3) 찾으시는 상품이 없다	이 놀이 기구를 탈 수 없습니다.
4) 한복을 입었다	다음 날 물건을 받을 수 있습니다.
5) 만 12세 이상이다	무료로 고궁에 입장할 수 있습니다.

보기 제품에 이상이 있는 경우에 고객 센터로 연락해 주십시오.

1) ____________________

2) ____________________

3) ____________________

4) ____________________

5) ____________________

2. 보기 와 같이 대화를 완성하십시오.

뒤집힌 윷의 수	이름	앞으로 갈 수 있는 칸 수
1개	도	1
2개	개	2
3개	걸	3
4개	윷	4
5개	모	5

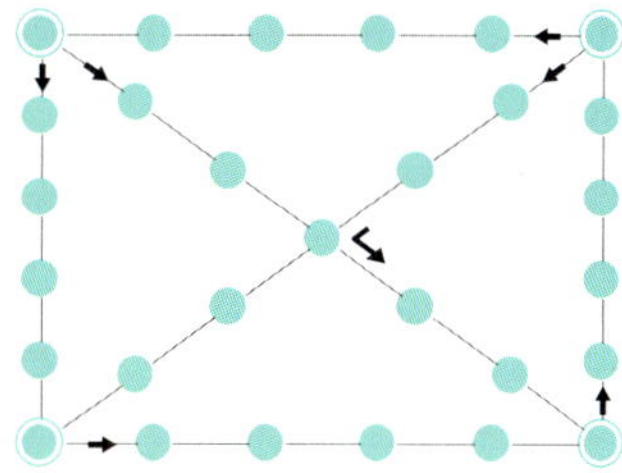

- 윷이나 모가 나오면 윷을 한 번 더 던질 수 있다.
- 다른 팀의 말을 잡으면 윷을 한 번 더 던질 수 있다.
- 다른 팀에게 말이 잡히면 그 말은 처음부터 다시 시작해야 한다.
- 말이 큰 원에 도착하면 빠른 길로 갈 수 있다.
- 네 개의 말이 모두 출발점으로 먼저 돌아오면 이긴다.

윤아 지금부터 윷놀이를 해 볼까요? 윷놀이는 윷이 뒤집힌 수만큼 말을 앞으로 보내는 게임이에요. 여기 표를 보세요. 보기 **윷이 1개 뒤집히는 경우에** '도'라고 하고 말을 앞으로 한 칸 갈 수 있어요.

리타오 그럼 **1)** ______________ '개'라고 하고 앞으로 두 칸 갈 수 있겠네요. 3개 뒤집히면 '걸'이고 세 칸, 4개 뒤집히면 '윷'이고 네 칸이지요?

윤아 맞아요. 그리고 윷이 하나도 뒤집히지 않으면 '모'라고 하고 앞으로 다섯 칸 갈 수 있어요. **2)** ______________ 윷을 한 번 더 던질 수 있어요.

리타오 그럼 윷이나 모가 나오면 제일 좋겠네요.

윤아 그렇지요. 그리고 다른 팀의 말이 있는 자리에 우리 팀 말이 도착하는 것을 '말을 잡는다'고 하는데 이렇게 **3)** ______________ 윷을 한 번 더 던질 수 있어요. **4)** ______________ 그 말은 처음부터 다시 시작해야 해요.

리타오 그렇군요. 그런데 게임 판에 큰 원도 있고 작은 원도 있는데 이것도 의미가 있어요?

윤아 네, **5)** ______________ 화살표를 따라서 빠른 길로 갈 수 있어요. 게임을 빨리 끝내기 위해서는 빠른 길로 가는 게 좋아요.

<1> 소비 형태

어휘

1. 알맞은 단어를 골라서 (　　　) 안에 쓰십시오.

수거료	대여하다	들이다	아쉽다	저렴하다	포함되다

1) 많은 돈을 (　　　　　　)어서/아서/여서 집을 수리했는데 이사를 가게 됐다.
2) 비행기 표를 (　　　　　　)게 사려면 일찍 예매해야 한다.
3) 옷장이나 침대 같은 큰 가구를 버릴 때는 쓰레기 (　　　　　　)을/를 내야 한다.
4) 오랜만에 만난 친구와 이야기도 오래 하지 못하고 헤어져야 해서 너무 (　　　　　　)었다/았다/였다.
5) 궁 근처에 가면 한복을 (　　　　　　)는/은/ㄴ 가게가 많아서 한복을 쉽게 빌릴 수 있다.
6) 우리 학교에서 외국 학생들에게 주는 특별 장학금에는 학비뿐만 아니라 생활비도 (　　　　　　)어/아/여 있다.

문법1

-는걸요/은걸요/ㄴ걸요

1. 보기 와 같이 쓰십시오.

보기 저는 다른 분들과 생각이 다른걸요. (다르다)

1) 요즘 학생들이 지각을 좀 많이 ________________ (하다)
2) 우리 학교는 다른 학교에 비해서 학생 수가 ________________ (많다)
3) 존 씨가 지난번 시험 때보다 성적이 많이 ________________ (오르다)
4) 음식이 부족할 것 같아요. 제 생각보다 사람들이 너무 많이 ________________ (오다)
5) 불고기는 만들기 쉬울 줄 알았는데 생각보다 ________________ (어렵다)

2. 보기 와 같이 대화를 완성하십시오.

보기 가 집이 넓어서 참 좋아요. 우리 이 집으로 계약할까요?
나 글쎄요, 집이 넓으면 청소하기 힘든걸요.

1) 가 이번 시험 성적이 좋지 않아서 실망했지요?

나 아니요, ____________________

2) 가 제임스 씨는 아직 한국말을 잘 못하는 것 같아요.

나 배운 지 이제 겨우 ____________________

3) 가 선우 씨가 유키 씨한테 관심이 있는 것 같지요?

나 네? 유키 씨는 ____________________

4) 가 처음 먹어 보는 반찬인데 정말 맛있어요.

나 그래요? 저한테는 좀 ____________________

5) 가 영수 씨는 늘 피곤해 보여요. 날마다 늦게 자나 봐요.

나 무슨 말씀이세요? 날마다 ____________________

문법2 -게요?

1. 다음의 상황에서 궁금한 짐을 어떻게 질문하겠습니까? 보기 와 같이 쓰십시오.

	상황	질문
보기	친구가 프라이팬과 김치를 꺼내 놓았다.	김치볶음밥을 만들게?
1)	친구가 옷장 안에 있는 겨울 옷들을 모두 꺼낸다.	
2)	방에서 같이 공부를 하던 친구가 책을 덮고 컴퓨터를 켠다.	
3)	일요일 아침, 친구가 샤워를 한 후 화장을 하고 있다.	
4)	과자를 먹고 있는데 친구가 일어나서 부엌으로 간다. 그리고 컵을 꺼낸다.	
5)	교실에서 친구와 같이 공부하는데 친구가 갑자기 지갑을 꺼낸 후 자리에서 일어난다. 책은 그대로 있다.	

2. 보기 와 같이 대화를 완성하십시오.

> 보기 가 옷들이 참 예뻐요. 가게 안으로 들어가서 좀 더 볼까요?
> 나 지금 옷을 사게요? 옷가게에 들르면 약속 시간에 늦을 텐데요.

1) 가 자전거가 어디에 있지요?

나 ______________________ 뒤쪽 베란다에 있어요.

2) 가 선생님, 교실이 좀 추운데요. 이 에어컨은 전원 버튼이 어디에 있어요?

나 ______________________ 그냥 이 리모컨을 쓰세요.

3) 가 흰머리가 조금 나더니 이제는 너무 많아졌어. 미용실에 가야겠다.

나 ______________________ 제가 해 드릴게요.

4) 가 미안해요. 먼저 일어날게요. 다들 더 있다가 가실 건가요?

나 8시밖에 안 됐는데 ______________________ 조금 더 있다가 가요.

5) 가 영수 씨가 아직 안 왔는데 조금만 더 있다가 출발합시다.

나 ______________________ 영수 씨는 안 올 것 같아요. 메시지에 답도 없고 전화도 안 받잖아요. 이제 갑시다.

5과 <2> 결제 방식

어휘

1. 알맞은 단어를 골라서 보기 와 같이 쓰십시오.

가맹점　　시스템　　표시　　도입하다　　당분간　　이래저래

1) 책을 읽을 때 중요한 부분에는 (　　　　　　　)을/를 해 놓았다.
2) 배탈이 났으니까 (　　　　　　　) 죽을 먹는 것이 좋겠다.
3) 이사도 해야 하고 다음 학기 등록도 해야 하니까 (　　　　　　　) 돈이 나갈 곳이 많다.
4) 우리 회사는 더 좋은 제품을 생산하기 위해서 외국의 기술을 (　　　　　　　)기로 했다.
5) 이번 달에 이 카드의 포인트 (　　　　　　　)에서 결제를 하면 3% 더 할인을 받을 수 있다고 한다.
6) 버스나 지하철을 갈아탈 때 할인을 받을 수 있는 교통 (　　　　　　　)이/가 갖추어진 이후로 대중교통을 이용하는 사람이 많이 늘었다.

문법 1 -었어야/았어야/였어야 하다

1. 보기 와 같이 쓰십시오.

보기 친구한테 연락하지 못했다.
→ 친구한테 연락했어야 했다.

1) 일찍 자지 못했다.
→ ______________________

2) 돈을 아껴 쓰지 못했다.
→ ______________________

3) 주말에 밀린 집안일을 하지 못했다.
→ ______________________

4) 밤에 많이 먹었다.
→ ______________________

5) 친구에게 거짓말을 했다.
→ ______________________

2. 보기 와 같이 대화를 완성하십시오.

보기 가 어떡하죠? 길이 막혀서 제시간에 기차를 못 타겠어요.
나 그러게요. 좀 더 일찍 출발했어야 했나 봐요.

1) 가 햇빛이 정말 뜨겁지요? 모자를 가지고 오셨어요?
나 아니요, ______________________ 는데/은데/ㄴ데 모자가 없으니까 불편해요.

2) 가 가수 연이 씨를 만났다면서요? 사인을 받았어요?
나 아니요, ______________________ 는데/은데/ㄴ데 아쉬워요.

3) 가 오늘이 미선 씨 생일이라면서요? 어떡하죠? 저는 빈손으로 왔어요.
나 제가 ______________________ 는데/은데/ㄴ데 깜빡했네요.

4) 가 이사하고 보니 우리 둘이 살기에는 집이 좀 작은 것 같아요.
나 그러게요. ______________________ 나/은가/ㄴ가 봐요.

5) 가 어떡해요? 제가 한 농담 때문에 제임스 씨가 화가 났나 봐요.
나 그러게요. 제임스 씨가 아침부터 기분이 안 좋아 보였는데 ______________________ 었어요/았어요/였어요.

문법2 -다가 보면

1. 다음을 연결하고 보기 와 같이 쓰십시오.

보기 반 친구들과 함께 시간을 보낸다	정이 들 거예요.
1) 적은 돈이라도 계속 모은다	책의 내용이 이해가 될 거예요.
2) 바쁘게 지낸다	약속을 잊어버릴 수도 있어요.
3) 이 길로 계속 간다	언젠가는 큰돈이 될 거예요.
4) 여러 번 반복해서 읽는다	오른쪽에 빨간색 건물이 보일 거예요.
5) 친구하고 신나게 논다	시간이 어떻게 갔는지 모를 때가 있어요.

보기 반 친구들과 함께 시간을 보내다가 보면 정이 들 거예요.

1) ____________________

2) ____________________

3) ____________________

4) ____________________

5) ____________________

2. 보기 와 같이 대화를 완성하십시오.

보기 가 지금 하는 일이 저한테 맞지 않는 것 같아요. 오늘도 실수를 해서 과장님께 혼났어요.
나 회사 생활을 하다가 보면 실수할 수도 있어요.

1) 가 휴대 전화를 바꿨는데 아직 익숙하지 않아서 불편해요.
나 ____________________ 익숙해질 거예요.

2) 가 남자 친구를 사귄 지 6개월 됐는데 어제 좀 크게 싸웠어요.
나 ____________________ 싸울 때도 있지요.

3) 가 중국어를 공부한 지 3개월 됐는데 너무 어려워서 포기하고 싶어요.
나 ____________________ 포기하고 싶을 때도 있어요.

4) 가 방 친구하고 같이 산 지 2주일 됐는데 아직 친해지지 못했어요.
나 ____________________

5) 가 한국어 발음이 정확하지 않아서 한국 사람들이 제 말을 이해하지 못할 때가 있어요.
나 ____________________

6과 <1> 불평과 불만

어휘

1. **알맞은 단어를 골라서 (　　　) 안에 쓰십시오.**

매너	무시하다	배려하다	불쾌하다	지나치다	가만히

1) 나이가 어린 사람의 의견도 (　　　　　　　　)으면/면 안 된다.

2) 하늘 씨는 몇 시간 동안 아무 말 없이 (　　　　　　　　) 앉아 있었다.

3) 에릭 씨는 다른 사람을 먼저 (　　　　　　　　)는/은/ㄴ 따뜻한 사람이다.

4) 그 선수는 실력도 뛰어나지만 다른 선수에 대한 (　　　　　　　　)이/가 좋은 것으로 유명하다.

5) 아르바이트를 할 때 손님이 반말로 주문을 해서 (　　　　　　　　)었다/았다/였다.

6) (　　　　　　　　)는/은/ㄴ 음주와 흡연은 건강에 해롭다.

문법1 까지

1. **보기 와 같이 쓰십시오.**

> 보기 내가 저녁을 샀다. / 커피값을 냈다.
> → 내가 저녁도 샀는데 커피값까지 냈다.

1) 그 가게는 서비스가 좋다. / 가격이 저렴하다.

→ ______________________________

2) 제임스 씨는 가수처럼 노래를 잘한다. / 춤을 잘 춘다.

→ ______________________________

3) 주말 저녁에 식당에 가면 사람이 많다. / 음식값이 비싸다.

→ ______________________________

4) 영수 씨는 감기에 걸렸다. / 배탈이 났다.

→ ______________________________

5) 어머니는 나를 위해 여러 가지 물건을 사 놓으셨다. / 밥솥을 준비해 놓으셨다.

→ ______________________________

2. 알맞은 것을 골라서 보기 와 같이 쓰십시오.

차가 고장이 나다	대학 입학 준비를 해야 하다
성격이 꼼꼼하다	휴대 전화 배터리가 떨어지다
짐이 많다	물건을 사고 결제를 하다

보기 가 영수 씨, 왜 이렇게 늦었어요?
나 출근 시간이어서 길이 막혔는데 차까지 고장이 나서 늦었어요.

1) 가 제가 아까 전화를 했는데 연락을 왜 안 했어요?
나 수업을 듣고 있었던 데다가 ______________________

2) 가 요즘 많이 바쁘세요?
나 네, 기말 시험 준비를 해야 하는데 ______________________

3) 가 왜 그렇게 힘들어 보여요?
나 퇴근 시간이어서 버스가 복잡했는데 ______________________

4) 가 휴대 전화로 할 수 있는 일이 정말 많아요.
나 네, 휴대 전화로 다른 사람에게 돈을 보낼 수 있고 ______________________

5) 가 에릭 씨가 이번에 승진했다면서요?
나 네, 에릭 씨는 일처리가 빠른 데다가 ______________________

문법2 -더라고요

1. 보기 와 같이 쓰십시오.

보기 닭갈비를 처음 먹어 봤는데 생각보다 맵지 않았다.
→ 닭갈비를 처음 먹어 봤는데 생각보다 맵지 않더라고요.

1) 친구와 신촌에 갔는데 고향 음식을 파는 식당이 있었다.
→ ______________________

2) 지난 주말에 한옥 마을에 갔는데 외국인 관광객이 많았다.
→ ______________________

3) 휴가철이어서 기차표를 예매하기가 쉽지 않았다.

→ ______

4) 솔직하게 자기 마음을 표현하는 것이 어려웠다.

→ ______

5) 어제 리에 씨를 만났는데 감기에 걸렸다.

→ ______

2. 보기 와 같이 대화를 완성하십시오.

윤아 에릭 씨, 지난 휴가 때 고향에 잘 다녀오셨어요?

에릭 네, 오래간만에 고향에 가니까 보기 **마음이 편하더라고요.**

윤아 어머니께서 조금 편찮으시다고 들었는데 괜찮아지셨어요?

에릭 네, 지난번보다 많이 **1)** ______

윤아 다행이에요. 고향 친구들도 만나 봤어요?

에릭 네, 그런데 저는 아직 결혼을 안 했는데 **2)** ______

윤아 그렇군요. 자주 가던 식당은 그대로 있었어요?

에릭 네, **3)** ______ 그런데 요리하는 사람이 바뀌었는지 **4)** ______

윤아 옛날에 먹던 맛과 달라져서 아쉬웠겠어요.

에릭 네, 옛날에 먹던 음식이 그리워서 갔는데 생각했던 맛이 아니어서 **5)** ______

6과 <2> 위로와 격려

어휘

1. 알맞은 단어를 골라서 (　　　) 안에 쓰십시오.

심정　연속　의욕　따다　딱　분명히

1) 지난달부터 우리 동네에서 비슷한 사건이 (　　　　　　　)으로/로 생기고 있다.
2) 이제 (　　　　　　　) 1주일만 더 지나면 한국으로 유학을 떠난다.
3) 제임스 씨는 입학시험에 떨어진 후 모든 일에 (　　　　　　　)을/를 잃었다.
4) 나는 무대 위에서 실수한 것이 너무 부끄러워서 어딘가에 숨고 싶은 (　　　　　　　)이었다/였다.
5) 사실대로 말씀드리면 부모님께서는 (　　　　　　　) 용서해 주실 것이다.
6) 주앙 씨는 고향에서 한식당을 열려고 한식 요리사 자격증을 (　　　　　　　)었다/았다/였다.

문법 1

-는지/은지/ㄴ지

1. 다음을 연결하고 보기 와 같이 쓰십시오.

보기 해외로 휴가를 가는 사람이 많다	●·····●	공항이 복잡해요.
1) 우진 씨가 회의 중이다	●　●	계속 기침을 해요.
2) 노라 씨가 감기에 걸렸다	●　●	표정이 별로 안 좋아요.
3) 주앙 씨가 기분 나쁜 일이 있다	●　●	전화를 받지 않아요.
4) 시험 문제가 어려웠다	●　●	산불이 자주 나요.
5) 요즘 날씨가 건조하다	●　●	90점 이상 받은 학생이 없어요.

보기 해외로 휴가를 가는 사람이 많은지 공항이 복잡해요.

1) ____________________
2) ____________________
3) ____________________
4) ____________________
5) ____________________

2. 보기 와 같이 이야기를 완성하십시오.

오늘은 월요일이어서 평소보다 일찍 학교로 출발했다. 나는 제시간에 도착했지만 보기 **길이 막혔는지** 지각한 학생이 몇 명 있었다. 오늘 배우는 내용이 조금 어려웠지만 리에 씨는 **1)** ________________ 선생님 질문에 대답을 잘했다. 선생님께서 숙제 공책을 내라고 했는데 주앙 씨는 **2)** ________________ 공책을 내지 않았다. 에릭 씨는 **3)** ________________ 쉬는 시간이 되자마자 샌드위치를 사러 갔다. 유키 씨는 수업 시간에는 교실에 있었는데 쉬는 시간이 끝나고 보니까 **4)** ________________ 유키 씨 자리에 가방이 없었다. 옆 교실에서는 **5)** ________________ 학생들의 웃음소리가 들렸다.

문법2 -겠지요

1. 보기 와 같이 쓰십시오.

> 보기 하늘이 맑은 걸 보니까 우산을 안 가져가도 되다
> → 하늘이 맑은 걸 보니까 우산을 안 가져가도 되겠지요.

1) 노라 씨가 약도 먹고 주사도 맞았으니까 곧 몸이 좋아지다

→ ________________

2) 서울은 세계적인 도시니까 외국인이 많이 오다

→ ________________

3) 겨울에는 제주도가 서울보다 따뜻하다

→ ________________

4) 올가 씨가 우리 반에서 성적이 제일 좋으니까 이번 학기에 장학금을 받다

→ ________________

5) 9시니까 아직 백화점 문을 안 열었다

→ ________________

2. 보기 와 같이 대화를 완성하십시오.

보기 가 이번 공연에 친구들이 많이 올까요?
나 초대장을 다 보냈으니까 많이 오겠지요.

1) 가 올리비아 씨가 내일 학교에 올까요?

나 내일 중요한 시험이 있으니까 ____________________

2) 가 내년에 물가가 많이 오를까요?

나 기름 값도 오르고 세금도 올랐으니까 ____________________

3) 가 내일은 추위가 풀릴까요?

나 일기 예보에서 기온이 올라간다고 했으니까 ____________________

4) 가 노라 씨가 새로 이사한 집이 전에 살던 집보다 넓어요?

나 방도 있고 거실도 있다고 했으니까 ____________________

5) 가 존 씨가 이번에도 노래 대회에 나갈까요?

나 존 씨는 사람들 앞에서 노래 부르는 것을 좋아하니까 ____________________

7과 <1> 공공질서

어휘

1. 알맞은 단어를 골라서 (   ) 안에 쓰십시오.

목줄	반려동물	다가오다	짖다	책임지다	마구	몇몇	오히려

1) 개가 (   )는/은/ㄴ 소리 때문에 온 동네가 시끄러웠다.
2) 아이들이 식당에서 (   ) 뛰어다녀서 식사를 하고 있는 사람들이 불평을 했다.
3) 어떤 사람이 내 뒤 쪽으로 (   )는/은/ㄴ 소리가 들린다.
4) 친구가 잘못을 했는데도 (   ) 큰소리를 쳐서 기분이 나빴다.
5) 개의 목에 (   )을/를 매지 않고 밖으로 데리고 나오면 안 된다.
6) 형이 오늘 일은 자기가 잘못한 것이니까 모든 것을 자기가 (   )겠다고 했다.
7) 우리 집 고양이는 우리 가족과 함께 살아가는 (   )이다.
8) 결혼식을 간단하게 하고 싶어서 (   ) 친구들에게만 청첩장을 보냈다.

문법 1 -도록[2]

1. 다음을 연결하고 보기 와 같이 쓰십시오.

보기 고향 친구에게서 1년이 넘다	울었어요.
1) 오빠가 마흔 살이 되다	친구가 오지 않아요.
2) 영화가 슬퍼서 눈이 퉁퉁 붓다	말을 못해요.
3) 기다린 지 삼십 분이 지나다	연락이 없어요.
4) 구멍이 나다	양말을 오랫동안 신었어요.
5) 아이가 세 살이 되다	결혼할 생각을 안 해요.

보기 고향 친구에게서 1년이 넘도록 연락이 없어요.

1) ______________________
2) ______________________
3) ______________________
4) ______________________
5) ______________________

2. 보기 와 같이 대화를 완성하십시오.

보기 가 어제 늦게까지 공부를 했어요?
나 네, 곧 시험이어서 잠을 자지 않고 밤이 새도록 공부를 했어요.

1) 가 부모님께 언제 연락을 드렸어요?
나 ______________________ 연락을 못 드렸어요.

2) 가 많이 피곤하세요? 하품을 자주 하시네요.
나 친구가 우리 집에 와서 ______________________ 이야기를 하느라고 잠을 못 잤어요.

3) 가 민지는 또 늦네.
나 응, 오늘도 ______________________ 오지 않고 있어.

4) 가 어제 파티에서 음식을 많이 먹었어요?
나 네, ______________________

5) 가 주말에 노래방에서 노래를 많이 불렀어요?
나 네, ______________________

문법2 만이라도

1. 알맞은 것을 골라서 보기 와 같이 쓰십시오.

오늘 하루 일 분 한 달 한 개 한 사람 집

보기 회사에 가지 않고 집에서 쉬고 싶다.
→ 오늘 하루만이라도 회사에 가지 않고 집에서 쉬고 싶다.

1) 다른 나라에서 살아 보고 싶다.
→ ______________________

2) 그 물건이 남아 있었으면 좋겠다.
→ ______________________

3) 나에게 생각할 시간을 주면 좋을 것 같다.
→ ______________________

4) 나를 믿어 주면 좋을 텐데…….

→ ______________________________

5) 듣고 싶은 음악을 들을 수 있으면 좋겠다.

→ ______________________________

2. **알맞은 것을 골라서 보기 와 같이 대화를 완성하십시오.**

30분　한 사람　한 번　한 가지　저녁　한 봉지

수정　요즘 많이 바쁘죠?

재호　네, 운동을 할 시간도 없네요. 하루에 보기 **30분만이라도** 운동을 하면 건강에도 좋고 몸도 가벼워질 것 같아요.

수정　저도 일이 많아서 날마다 집에 늦게 들어가요. **1)** __________ 가족들과 함께 할 수 있으면 좋을 텐데요.

재호　수정 씨, 그런데 회사에서 무슨 일이 있었어요? 표정이 안 좋아 보여요.

수정　네, 회사에서 누군가 실수를 했는데 사람들이 제가 했다고 생각해요. 저는 아니라고 했지만 아무도 제 말을 들어주지 않았어요. 잘못을 한 사람이 **2)** __________ 솔직하게 말을 했으면 이렇게 오해를 받지 않았을 거예요.

재호　곧 사람들이 사실을 알 거예요. 수정 씨처럼 회사를 위해서 열심히 일하는 사람도 많지 않잖아요.

수정　**3)** __________ 내 편이면 좋겠다고 생각했는데 재호 씨가 저를 믿어 주시니 감사해요.

재호　수정 씨는 일을 하면서도 외국어, 음악 등을 끊임없이 배우시잖아요. 저는 그중에 **4)** __________ 배웠으면 좋겠어요.

수정　그럼 저하고 같이 영어 학원에 다녀요. 이렇게 추운데 붕어빵을 파는 아저씨가 추위에 고생을 하고 계시네요. 우리 그냥 지나가지 말고 **5)** __________ 사 가지고 가요.

7과 <2> 맛집

어휘

1. 알맞은 단어를 골라서 (   ) 안에 쓰십시오.

비결　입소문　최근　고소하다　꼽히다　담백하다　붐비다　색다르다

1) 연말이라서 그런지 거리는 평소보다 많은 사람들로 (   )었다/았다/였다.

2) 그 가게는 음식이 맛있다고 (   )이/가 나서 손님이 끊이지 않는다.

3) 서울은 관광하기 좋은 장소로 다섯 손가락 안에 (   )는다/ㄴ다/다.

4) 할머니께서 만드신 김치는 언제 먹어도 맛있다. 김치를 맛있게 만드시는 (   )을/를 알고 싶다.

5) 옛날에는 느끼한 음식도 잘 먹었는데 이제는 두부 요리 같은 (   )는/은/ㄴ 음식이 더 좋다.

6) 비빔밥에 (   )는/은/ㄴ 참기름을 넣으면 맛이 더 좋아진다.

7) 이 카페는 분위기가 (   )아서/어서/여서 외국인들도 많이 찾아온다.

8) (   )에 환경 문제에 대한 사람들의 관심이 점점 높아지고 있다.

문법 1 **-길래**

1. 보기 와 같이 쓰십시오.

보기 영화가 너무 재미없다 / 보다가 중간에 나왔어요.
→ 영화가 너무 재미없길래 보다가 중간에 나왔어요.

1) 맛집에 갔는데 기다리는 줄이 너무 길다 / 다른 식당에 갔어요.

→ ____

2) 눈 때문에 길이 미끄럽다 / 차를 집에 두고 나왔어요.

→ ____

3) 고향 친구가 한국에 온다고 하다 / 공항에 친구를 데리러 갔어요.

→ ____

4) 새로 나온 과자가 맛이 있어 보이다 / 사 왔어요.

→ ____

5) 외국인 친구가 한국 소설책을 읽고 싶어 하다 / 소설책을 빌려 줬어요.

→ ____

2. 보기 와 같이 대화를 완성하십시오.

> 보기 가 여기 있던 신문을 못 봤니?
> 나 아버지께서 다 보신 것 같길래 제가 저쪽으로 치워 놓았어요.

1) 가 민수 씨가 회의 결과를 알고 있던데요.

나 ______________________ 제가 가르쳐 주었어요.

2) 가 어제 보고서를 쓰지 않았어요? 왜 다시 쓰세요?

나 ______________________ 다시 쓰고 있어요.

3) 가 오늘은 왜 택시를 타고 회사에 왔어요?

나 ______________________ 택시를 타고 왔어요.

4) 가 점퍼를 사려고 나가지 않았어요? 왜 빈손으로 왔어요?

나 ______________________

5) 가 사과를 많이 사 왔네요.

나 ______________________

문법2 -던걸요

1. 보기 와 같이 쓰십시오.

> 보기 한국 사람들은 등산을 좋아한다.
> → 한국 사람들은 등산을 좋아하던걸요.

1) 길에 똑같은 티셔츠를 입고 다니는 사람이 많다.

→ ______________________

2) 서울은 대중교통을 이용해서 다니기가 편리하다.

→ ______________________

3) 서울 곳곳에 커피 전문점이 많이 있다.

→ ______________________

4) 서울 거리에는 검은색, 흰색 자동차가 많이 다닌다.

→ ______________________

5) 한국 식당에서는 반찬을 무료로 준다.

→ ______________________________

2. 보기 와 같이 대화를 완성하십시오.

보기 가 영진 씨가 어디에 갔어요?
나 회사에서 온 전화를 받고 나가던걸요.

1) 가 한국 음식 중에서 무엇이 제일 맛있었어요?

나 저는 불고기가 ______________________________

2) 가 지금까지 가 본 곳 중에서 어디가 제일 아름다웠어요?

나 하와이 바다가 ______________________________

3) 가 서울에서 외국인들이 좋아하는 곳은 어디에요?

나 제 친구들은 ______________________________

4) 가 한국 노래를 들어 봤어요?

나 네, ______________________________

5) 가 유키 씨 친구들은 고향으로 돌아갈 때 어떤 선물을 사 가요?

나 ______________________________

<1> 고장과 수리

어휘

1. 알맞은 단어를 골라서 (   ) 안에 쓰십시오.

세면대　　키　　교체하다　　부르다　　새다　　다 되다

1) 우리 집 (   )에는 비누와 칫솔, 치약이 놓여 있다.
2) 배터리가 (   )었는지/았는지/였는지 시계가 멈췄다.
3) 감독이 경기 중에 부상을 입은 선수를 다른 선수로 (   )었다/았다/였다.
4) 갑자기 쓰러진 사람을 보고 119에 전화해서 구급차를 (   )었다/았다/였다.
5) 물통 뚜껑이 제대로 닫히지 않아서 물통에 있던 물이 밖으로 (   )었다/았다/였다.
6) 지윤이는 원룸의 카드 (   )을/를 잃어버려서 집에 들어가지 못하고 밖에서 룸메이트를 기다렸다.

문법1 -는다/ㄴ다 -는다/ㄴ다 하는 것이

1. 보기 와 같이 쓰십시오.

보기	치과 가기	치과에 간다 간다 하는 것이 시간이 없어서 아직 못 갔어요.
1)	소포 보내기	소포를 ______________________ 자꾸 잊어버려요.
2)	입지 않는 옷을 정리하기	입지 않는 옷 정리를 ______________ 계속 바빠서 못 하고 있어요.
3)	형광등 갈기	형광등을 ______________________ 아직 못 갈았어요.
4)	수리 센터 기사님 부르기	
5)	할머니께 전화 드리기	

2. 보기 와 같이 대화를 완성하십시오.

보기 가 운전면허 시험 공부는 잘 하고 있어요?
나 아니요, 공부를 한다 한다 하는 것이 아직 시작도 못 했어요.

1) 가 이번 방학 여행 계획을 다 세웠어요?
나 아니요, ____________________ 바빠서 아직 여행지도 결정하지 못했어요.

2) 가 새해에는 담배를 끊겠다고 했는데 담배를 끊었어요?
나 아니요, ____________________ 아직 못 끊고 있어요.

3) 가 혹시 제가 지난번에 알려 드린 식당에 가 보셨어요?
나 아니요, ____________________ 아직 못 가 봤어요.

4) 가 사무실에 서류를 신청하러 갔다 왔어요?
나 아니요, ____________________

5) 가 고장 난 프린터를 고쳤어요?
나 아니요, ____________________

문법2 -는 수밖에 없다

1. 알맞은 것을 골라서 보기 와 같이 쓰십시오.

굶는다	택시를 탄다
오늘 밤을 새워서 쓴다	똑같은 책을 사서 도서관에 낸다
날아간 부분을 다시 만든다	이전 역이나 다음 역에 내려서 걷는다

보기 도서관에서 빌린 책을 잃어버렸다. 똑같은 책을 사서 도서관에 내는 수밖에 없다.

1) 배탈이 나서 물만 마셔도 설사를 한다. ____________________

2) 내일까지 내야 하는 보고서를 아직 못 썼다. ____________________

3) 갑자기 전기가 나가서 1시간 동안 쓴 보고서 파일이 날아갔다. ____________________

4) 축제 때문에 행사장 근처 역에 지하철이 서지 않는다. ____________________

5) 급하게 공항에 가야 하는데 1시간마다 있는 공항버스가 방금 가 버렸다. ____________________

2. 보기 와 같이 대화를 완성하십시오.

보기 가 서류를 제대로 준비하지 못해서 오늘 비자 연장 신청을 하지 못했어요.
나 그럼 서류를 제대로 준비해서 다시 신청하는 수밖에 없겠어요.

1) 가 이 옷은 너무 낡아서 더 입을 수 없을 것 같아요.

나 그럼 이젠 그 옷을 ______________________________

2) 가 인터넷으로 예매할 수 있는 표가 다 팔렸대요.

나 그럼 공연장에 ______________________________

3) 가 식당에 예약 전화를 했는데 그 식당은 예약을 받지 않고 먼저 온 사람부터 순서대로 들어갈 수 있대요.

나 그 식당 음식을 꼭 먹고 싶다면 ______________________________

4) 가 컴퓨터가 고장 나서 오늘 서비스 센터에 가려고 했는데 벌써 문을 닫았어요.

나 ______________________________

5) 가 내일 급하게 고향에 가야 하는데 일반석 비행기 표가 다 팔리고 없어요.

나 ______________________________

8과 <2> 이웃 간의 문제

어휘

1. 알맞은 단어를 골라서 (   ) 안에 쓰십시오.

요청하다 웬만하다 쿵쿵거리다 항의하다 도대체 종종

1) 나는 버스 한 정류장 정도 거리는 (   )으면/면 걸어 다닌다.
2) 요즘은 날씨가 많이 시원해져서 저녁에 (   ) 산책을 하러 나가곤 한다.
3) 위층에 사는 사람들이 밤낮 없이 너무 (   )어서/아서/여서 짜증이 난다.
4) 사고가 난 시간의 감시 카메라 영상을 보여 달라고 관리실에 (   )었다/았다/였다.
5) 텔레비전 프로그램을 보는데 자막이 너무 빨리 지나가서 (   ) 읽을 수가 없다.
6) 특별한 안내도 없이 비행기 출발이 계속 늦어지니까 승객들이 승무원들에게 (   )기 시작했다.

문법 1 **-는 바람에**

1. 다음을 연결하고 보기 와 같이 쓰십시오.

보기 갑자기 일이 생겼다	휴대 전화를 집에 놓고 왔어요.
1) 내가 탄 지하철이 고장 났다	신분증을 다시 만들어야 해요.
2) 바람이 세게 불었다	동창 모임에 가지 못했어요.
3) 뒷사림이 밀있다	보사가 날아가 버렸어요.
4) 집에서 정신없이 나왔다	넘어졌어요.
5) 지갑을 잃어버렸다	수업에 늦었어요.

보기 갑자기 일이 생기는 바람에 동창 모임에 가지 못했어요.

1) ______________________________
2) ______________________________
3) ______________________________
4) ______________________________
5) ______________________________

2. 보기 와 같이 대화를 완성하십시오.

> 보기 가 왜 아직까지 안 오고 있어요? 무슨 일이 생긴 건 아니지요?
> 나 사고가 나는 바람에 길이 너무 막혀요.

1) 가 피곤해 보이네요. 주말에 못 쉬었어요?

나 고향 친구들이 ______________________ 주말 내내 친구들과 지냈어요.

2) 가 다리를 다쳤네요. 어쩌다가 이렇게 됐어요?

나 눈길에서 ______________________ 넘어져서 다쳤어요.

3) 가 사진 수업이 내일부터 시작되지요? 오랫동안 배우고 싶어 했는데 기대되겠어요.

나 ______________________ 못 듣게 됐어요. 너무 아쉬워요.

4) 가 하루 종일 기다렸는데 왜 전화를 안 했어요?

나 미안해요. ______________________

5) 가 어제 뷔페 식당에 간다고 했지요? 맛있는 것을 많이 먹었어요?

나 아니요, ______________________

문법2 -어서야/아서야/여서야

1. 보기 와 같이 쓰십시오.

> 보기 컴퓨터가 너무 자주 고장 나서 제대로 사용할 수 없다.
> → 컴퓨터가 이렇게 자주 고장 나서야 어디 제대로 사용할 수 있겠어요?

1) 날씨가 너무 습해서 빨래가 마르지 않는다.

→ ______________________

2) 거짓말을 너무 많이 해서 루크 씨를 믿을 수가 없다.

→ ______________________

3) 집이 너무 작아서 두 사람이 같이 살 수 없을 것 같다.

→ ______________________

4) 너무 덜렁거려서 민수 씨에게 중요한 일을 맡길 수 없다.

→ ______________________

5) 음식이 너무 맛없어서 이 식당에 다시 오고 싶은 마음이 들지 않는다.

→ ______________________

2. 보기 와 같이 대화를 완성하십시오.

보기 가 오늘 테니스를 치러 가기로 했는데 지금 비가 너무 많이 와요.
나 이렇게 비가 많이 와서야 어디 테니스를 칠 수 있겠어요?

1) 가 요즘 물가가 너무 많이 올라서 생활하기가 힘들어요.

나 이렇게 물가가 ______________________ 어디 사고 싶은 것을 살 수 있겠어요?

2) 가 한국어 능력 시험 공부를 하는데 모르는 단어가 너무 많아요.

나 이렇게 ______________________ 어디 시간 안에 문제를 풀 수 있겠어요?

3) 가 룸메이트가 저의 모든 일에 너무 심하게 간섭해요.

나 그렇게 ______________________ 어디 같이 살 수 있겠어요?

4) 가 저희 집은 길가에 있는데 고성방가하는 사람들 때문에 밤마다 너무 시끄러워요.

나 ______________________

5) 가 우리 오빠는 다음 달에 중요한 시험이 있는데 공부는 안 하고 놀기만 해요.

나 ______________________

<1> 가짜 뉴스

어휘

1. 알맞은 단어를 골라서 (   ) 안에 쓰십시오.

난리 여부 의심 작업 전문적 가리다 넘쳐나다 전달되다

1) 날씨가 더워지니까 수영장이 사람들로 (   )는다/ㄴ다/다.
2) (   )이/가 많은 사람들은 다른 사람의 말을 잘 믿지 않는다.
3) 입사 시험의 합격 (   )을/를 미리 알 수 있는 방법이 있으면 좋겠다.
4) 이 병원은 눈과 관련된 병만 (   )으로/로 치료하는 병원이다.
5) 오늘 유명한 연예인이 우리 학교를 방문해서 학교가 (   )이/가 났다.
6) 다큐멘터리 영상을 여러 나라 언어로 번역하는 (   )만 남았다.
7) 이름을 정확하게 써 놓았는데 왜 선물이 다른 사람에게 (   )었는지/았는지/였는지 이해가 안 된다.
8) 두 사람 중 한 사람은 거짓말을 하고 있는 것이 확실하니까 누구 말이 맞는지 분명히 (   )어야겠다/아야겠다/여야겠다.

문법1

에 비해서

1. 보기 와 같이 쓰십시오.

키	나이	소문
능력	하는 일	열심히 운동한 것

보기 영화가 소문에 비해서 별로 재미없었어요.

1) 우리 회사는 ______________________ 월급이 적어요.
2) 저는 ______________________ 손과 발이 작은 편이에요.
3) 저 여배우는 ______________________ 얼굴이 어려 보여요.
4) 김 과장은 ______________________ 너무 좋은 평가를 받는 것 같습니다.
5) ______________________ 살이 많이 빠지지 않았어요.

2. 보기 와 같이 대화를 완성하십시오.

보기 가 이틀 만에 보고서를 썼는데 A를 받았다면서?
나 응, 보고서를 쓰느라고 들인 시간에 비해서 성적을 잘 받았어.

1) 가 학생 15명이 함께 공부하기에는 교실이 좀 작아요.
나 네, 학생 ______________________ 교실이 좀 작은 편이에요.

2) 가 와, 양이 이렇게 많은데 이게 2인분에 만 원이라니…….
나 이 식당은 ______________________ 값이 싼 것으로 유명해요.

3) 가 이 소설책을 같이 읽으면서 한국말을 공부해 볼까요?
나 제 ______________________ 책이 너무 어려운 것 같은데요.

4) 가 5살짜리 아이가 입기에는 옷이 좀 크지 않아요?
나 딱 맞을 거예요. 제 아이는 ______________________

5) 가 이 코트가 3만원이라니 정말 놀랍군요. 다른 가게에서는 10만원은 줘야 할 것 같아요.
나 네, 우리 가게 옷들은 ______________________

문법2 -을/ㄹ 수가 있어야지요

1. 보기 와 같이 쓰십시오.

보기 화가 나서 참을 수가 없어요.
→ 화가 나서 참을 수가 있어야지요.

1) 옷이 작아서 입을 수가 없어요.
→ ______________________

2) 다리가 아파서 더 걸을 수가 없어요.
→ ______________________

3) 날씨가 너무 추워서 나갈 수가 없어요.
→ ______________________

4) 너무 졸려서 책을 읽을 수가 없어요.

→ ______________________________

5) 너무 시끄러워서 공부를 할 수가 없어요.

→ ______________________________

2. 보기 와 같이 대화를 완성하십시오.

보기 가 왜 드라마를 보다가 껐어요?
나 너무 무서워서 더 볼 수가 있어야지요.

1) 가 영수 씨는 왜 화가 났대요?

나 잘 모르겠어요. 말을 안 하니까 왜 화가 났는지 ______________________________

2) 가 먼저 밥을 먹으려고? 동생이 곧 온다는데 같이 먹지 그러니?

나 배가 너무 고파서 ______________________________ 그냥 먼저 먹을게요.

3) 가 가방을 또 사셨어요? 얼마 전에도 가방을 샀잖아요.

나 예쁜 가방을 할인해서 싸게 파니까 ______________________________

4) 가 왜 수학 문제를 하나도 풀지 않았어요?

나 ______________________________

5) 가 12시가 지났는데 왜 아직도 안 자고 있어요?

나 ______________________________

9과 <2> 휴대 전화 사용 제한

어휘

1. 알맞은 단어를 골라서 (　　　) 안에 쓰십시오.

권리　인권　의견　판단　제한하다　합의하다　마음대로

1) 다른 사람을 죽인 사람의 (　　　　　　)을/를 왜 보호해야 할까?
2) 자유는 인간이 가지고 있는 기본적인 (　　　　　　)이다.
3) 너무 화가 났을 때는 무엇이 맞는지 (　　　　　　)을/를 잘하기가 어렵다.
4) 토론을 잘하기 위해서는 먼저 상대방의 (　　　　　　)을/를 잘 들어야 한다.
5) 사람들은 보통 다른 사람을 배려하지 않고 (　　　　　　) 행동하는 사람을 별로 좋아하지 않는다.
6) 아이가 휴대 전화를 지나치게 사용하지 않도록 시간을 (　　　　　　)어야/아야/여야 한다.
7) 두 나라는 올해 안에 무역 갈등에 대한 해결 방법을 찾기로 (　　　　　　)었다/았다/였다.

문법1 에 따르면

1. 보기 와 같이 쓰십시오.

보기 내년에는 경제가 좋아질 것입니다. (경제 전문가의 말)
→ 경제 전문가의 말에 따르면 내년에는 경제가 좋아질 것이라고 합니다.

1) 서울행 기차는 20분쯤 늦게 도착할 것입니다. (안내 방송)
→ ____________________

2) 기름값이 몇 달째 계속 떨어지고 있습니다. (오늘 뉴스 보도)
→ ____________________

3) 택시 요금이 다음 달 1일부터 오릅니다. (2월 10일자 연한 신문 기사)
→ ____________________

4) 도둑은 손님이 아주 많을 때 물건을 훔쳤습니다. (편의점 아르바이트 학생의 말)
→ ____________________

5) 작년에 비해서 온라인 구매가 31% 늘었습니다. (경제 연구소의 보고서)
→ ____________________

2. 다음을 보고 보기 와 같이 대화를 완성하십시오.

	정보가 나온 곳	정보의 내용
보기	한 설문 조사	대학생의 48.5%가 졸업 후 진로를 가장 큰 고민거리로 생각한다.
1)	일기 예보	오늘 밤부터 큰 비가 내릴 것이다.
2)	어느 대학의 연구 결과	쓰면서 공부하면 내용을 더 오래 기억할 수 있다.
3)	선생님 말씀	결석을 많이 하면 장학금을 받을 수 없습니다.
4)	종로 경찰서의 발표	오늘 새벽에 난 자동차 사고는 7시쯤 모두 정리가 되었다.
5)	통계청 조사 결과	혼자 사는 사람이 전체 인구의 28.6%이다.

보기 가 요즘 대학생들은 무엇 때문에 고민을 많이 한다고 합니까?
나 한 설문 조사에 따르면 대학생의 48.5%가 졸업 후 진로를 가장 큰 고민거리로 생각한다고 합니다.

1) 가 오늘 날씨가 계속 흐려요.

나 네, ______________________ 오늘 밤부터 큰 비가 내릴 거라고 해요.

2) 가 저는 기억력이 좋지 않아서 공부한 것을 금방 잊어버려요.

나 ______________________

그러니까 손으로 쓰면서 외워 보세요.

3) 가 성적만 좋으면 장학금을 받을 수 있어요?

나 아니요, ______________________

4) 가 아침에 우리 집 근처에서 무슨 사고가 났다고 하던데 차를 가지고 나가도 괜찮을까요?

나 괜찮을 거예요. ______________________

5) 가 요즘 혼자 사는 사람들이 점점 많아지는 것 같아요.

나 네, 맞아요. ______________________

문법2 -는다고/ㄴ다고/다고 보다

1. 보기 와 같이 쓰십시오.

보기 이번 일은 우리가 함께 노력하면 해결할 수 있습니다.
→ 이번 일은 우리가 함께 노력하면 해결할 수 있다고 봅니다.

1) 상대방의 마음을 이해하는 것만큼 좋은 위로는 없습니다.

→ ______________________________

2) 김윤수 선수는 부상 때문에 이번 대회에 나가기 어렵습니다.

→ ______________________________

3) 김영수 씨가 이번 일을 잘 끝낼 것입니다.

→ ______________________________

4) 경쟁이 최선의 방법이 아닙니다.

→ ______________________________

5) 아이들에게 다양한 경험을 할 수 있는 기회를 줘야 합니다.

→ ______________________________

2. 보기 와 같이 대화를 완성하십시오.

보기 가 한국 대중가요가 계속 인기가 있을까요?
나 네, 저는 앞으로도 계속 인기가 있을 거라고 봅니다.

1) 가 어느 선수가 1등을 할까요?
나 김우연 씨가 1등을 할 가능성이 ______________________________

2) 가 아이가 공부에 흥미가 없어서 걱정이에요.
나 공부에 흥미가 없다고 해서 걱정할 필요는 ______________________________

3) 가 소비자들이 이번 할인 행사에 관심을 가질까요?
나 요즘 가장 인기 있는 상품들만 할인하니까 ______________________________

4) 가 기름값이 계속 오를 것 같아요?
나 ______________________________

5) 가 선생님, 저는 얼마나 치료를 받아야 하나요?
나 ______________________________

<1> 현대인과 일

어휘

1. 알맞은 단어를 골라서 (   ) 안에 쓰십시오.

경쟁	장시간	효율적	뒤떨어지다	살아남다	온종일

1) 좋은 대학에 입학하기 위해서 학생들 간의 (   )이/가 심해지고 있다.
2) 장마철도 아닌데 (   ) 비가 내렸다.
3) 요즘은 컴퓨터를 잘 모르면 시대에 (   )는/은/ㄴ 느낌이 든다.
4) 기업이 (   )기 위해서는 끊임없이 신제품을 개발해야 한다.
5) 어제 쉬지 않고 (   ) 동안 운전을 했더니 어깨가 아프다.
6) 계획표를 만들어서 일하면 시간을 좀 더 (   )으로/로 사용할 수 있다.

문법1

만 아니면

1. 보기 와 같이 쓰십시오.

보기 선약 / 친구들 모임에 갔을 것이다.
→ 선약만 아니면 친구들 모임에 갔을 것이다.

1) 급한 일 / 제임스 씨 생일 파티에 갔을 것이다.

→ ______________________________

2) 태풍 / 부산으로 놀러 갔을 것이다.

→ ______________________________

3) 친한 친구의 부탁 / 차를 빌려주지 않았을 것이다.

→ ______________________________

4) 등록금 / 이렇게 힘든 아르바이트를 하지 않았을 것이다.

→ ______________________________

5) 면접시험 / 비싼 정장을 사지 않았을 것이다.

→ ______________________________

2. 보기 와 같이 대화를 완성하십시오.

보기 가 도서관에 갈 거라고 하더니 왜 집에서 공부하세요?
나 도서관 공사만 아니면 도서관에서 공부했을 거예요. 도서관이 공사 중이었어요.

1) 가 외국에서 살고 싶다고 하지 않았어요? 왜 외국으로 안 가세요?
나 ______________________ 외국에서 살았을 거예요. 그런데 부모님이 걱정돼서 못 갔어요.

2) 가 바쁜 일이 없으면 주말에 같이 놀이공원에 갈래요?
나 ______________________ 놀이공원에 같이 갈 텐데요. 주말에 출장을 가야 해요.

3) 가 어제 왜 동아리 모임에 못 오셨어요? 시험이 있었어요?
나 네, ______________________

4) 가 몸살감기 때문에 스키를 타러 못 갔다면서요?
나 네, ______________________

5) 가 어제 안개가 심해서 비행기가 출발하지 못했다면서요?
나 네, ______________________

문법2 -는/은/ㄴ 듯이

1. 다음을 연결하고 보기 와 같이 쓰십시오.

보기 머리가 깨지겠다	잘난 척을 하고 다녀요.
1) 제임스 씨는 유명한 사람이라도 됐다	빠르게 뛰었어요.
2) 학생들이 약속이라도 했다	아파요.
3) 심장이 터지겠다	바빠 보여요.
4) 존 씨는 세계 여행이라도 했다	모두 파란 색 옷을 입고 왔어요.
5) 영수 씨는 항상 무언가에 쫓기다	여러 나라 이야기를 해요.

보기 머리가 깨질 듯이 아파요.

1) ____________________

2) ____________________

3) ____________________

4) ____________________

5) ____________________

2. 보기 와 같이 대화를 완성하십시오.

뛰다	죽다	날아가다
손에 잡히다	아무렇지 않다	맞추다

보기 가 지하철 계단에서 넘어졌다면서요? 많이 안 다쳤어요?
나 네, 별로 안 다쳤어요. 하지만 부끄러워서 아무렇지 않은 듯이 빨리 일어나서 지하철을 탔어요.

1) 가 주앙 씨, 합격 소식을 듣고 부모님도 많이 좋아하셨어요?
나 네, 합격 소식을 듣고 부모님이 ____________________ 기뻐하셨어요.

2) 가 산 위에서 보는 풍경이 정말 아름답지요?
나 네, 구름이 ____________________ 가까이 있는 것 같아요.

3) 가 새로 산 양복이 몸에 잘 맞네요. 옷을 맞췄어요?
나 아니요, 백화점에서 샀는데 ____________________ 제 몸에 딱 맞아요.

4) 가 주말에는 잘 쉬었어요?
나 네, 아무 것도 안 하고 ____________________ 잠만 잤어요.

5) 가 이번 학기에 할 일들이 모두 끝났어요?
나 네, 시험도 끝나고 보고서도 다 써서 ____________________ 마음이 가벼워요.

어휘 **1. 알맞은 단어를 골라서 (   ) 안에 쓰십시오.**

일부분 채팅 멀어지다 부담스럽다 선호하다 흔하다 굳이

1) 입사한 지 5년도 안 됐는데 팀장이 되는 것은 (   )는/은/ㄴ 일이 아니다.
2) 대학생들은 들고 다니기 편한 가볍고 작은 노트북을 (   )는다/ㄴ다/다.
3) 여행을 가서 친구와 싸운 후로 친구와 사이가 (   )었다/았다/였다.
4) 3년 동안 꾸준히 운동을 했더니 이제 운동은 내 생활의 (   )이/가 되었다.
5) 이 제품은 공짜로 주면 쓰겠지만 (   ) 내 돈을 내고 사고 싶지는 않다.
6) 윤아 씨는 유학을 간 친구와 (   )으로/로 이야기를 했다.
7) 별로 친하지 않은 친구가 비싼 선물을 줘서 (   )었다/았다/였다.

문법2 **-는/은/ㄴ 법이다**

1. 보기 와 같이 쓰십시오.

보기 사람들은 대부분 무슨 일이든지 재미있어야 잘 할 수 있다고 생각한다.
→ 무슨 일이든지 재미있어야 잘할 수 있는 법이다.

1) 사람들은 급하게 먹으면 당연히 체한다고 생각한다.
→ ______________________________

2) 사람들은 연습을 많이 하면 당연히 실력이 좋아진다고 생각한다.
→ ______________________________

3) 사람들은 대부분 노력하는 사람이 즐기는 사람을 이길 수 없다고 생각한다.
→ ______________________________

4) 사람들은 대부분 다른 사람에게 잘못을 하면 당연히 사과를 해야 한다고 생각한다.
→ ______________________________

5) 사람들은 아무리 맛있는 음식이어도 같은 음식을 매일 먹으면 싫증이 난다고 생각한다.
→ ______________________________

2. 보기 와 같이 대화를 완성하십시오.

보기 가 고등학교를 그만 두고 아르바이트를 해서 돈을 벌어야겠어요.
나 공부도 때가 있는 법이에요. 공부를 마치고 일을 찾는 건 어때요?

1) 가 회사가 월급은 많지만 분위기가 별로 좋지 않아요.
나 모든 것이 다 ______________ 한 가지라도 좋은 점이 있으니까 다행이에요.

2) 가 2년 동안 계속 공부만 하고 있는데 언제 끝날지 모르겠어요.
나 시작이 있으면 ______________ 얼마 안 있으면 공부도 끝날 거예요.

3) 가 제가 회사에서 큰 실수를 했는데 사람들은 계속 그 일을 기억하겠지요?
나 아니에요. 시간이 지나면 ______________ 너무 걱정하지 마세요.

4) 가 운동을 시작했는데 날마다 운동을 하는 게 힘들어요.
나 뭐든지 ______________ 곧 익숙해질 거예요.

5) 가 친구가 옆에 있을 때는 잘 몰랐는데 떠나니까 얼마나 소중한지 알게 됐어요.
나 떠난 후에 ______________ 그래서 옆에 있을 때 잘해야 해요.

문법2 -는다고/ㄴ다고/다고 할 수 있다

1. 보기 와 같이 쓰십시오.

보기 10년 동안 서울에 살았으니까 이제 서울이 고향이에요.
→ 10년 동안 서울에 살았으니까 이제 서울이 고향이라고 할 수 있어요.

1) 고등학교를 졸업했으니까 이제 성인이에요.
→ ______________

2) 아르바이트비를 50만 원쯤 받으니까 많이 받아요.
→ ______________

3) 우리 반은 학생이 16명이니까 학생 수가 많아요.
→ ______________

4) 28살에 결혼을 했으니까 남자 중에서 일찍 결혼했어요.

→ ______________________________

5) 선생님 10명 중 9명이 여자니까 거의 대부분의 선생님이 여자예요.

→ ______________________________

2. 보기 와 같이 대화를 완성하십시오.

보기 가 신제품 노트북 가격이 많이 올랐어요?
나 이전 제품보다 가격이 9%쯤 올랐으니까 많이 올랐다고 할 수 있어요.

1) 가 요즘 독감에 걸린 사람이 많아요?
나 학생들 중 반 정도가 독감에 걸렸으니까 ______________________________

2) 가 작년보다 물가가 많이 올랐어요?
나 택시비도 기름값도 작년보다 10% 정도 올랐으니까 ______________________________

3) 가 쓰기 시험이 어려웠어요?
나 우리 반 학생 대부분이 90점 이상을 받았으니까 ______________________________

4) 가 고향에서 살 때보다 생활비가 많이 들어요?
나 ______________________________

5) 가 유리 씨는 인터넷 쇼핑을 지주 해요?
나 ______________________________

모범 답안(교재)

1-1 건강에 좋은 음식

☆ 어휘

1) 데친다 2) 손이 간다 3) 데운다 4) 손쉽

☆ 문법1

1) 한국 친구를 만나면 항상 한국말로 이야기하다가 보니까 말하기 실력이 늘었어요.
2) (동아리) 친구들과 주말마다 등산을 하다가 보니까 몸이 더 좋아진 것 같아요.
3) 집에서 늘 음식을 만들다가 보니까 요리 실력이 조금 늘었어요.
4) 네, 날마다 한국말로 일기를 쓰다가 보니까 쓰기 실력도 는 것 같아요.
5) 네, 지난 1년 동안 혼자 살다가 보니까 이제 혼자 사는 것에 익숙해졌어요.

☆ 문법2

1) 2년 전에 (여행도 할 겸) 고향에서 한국어를 처음 가르쳐 주셨던 한국어 선생님도 뵐 겸 제주도에 갔어요.
2) 네, 한국말도 공부할 겸 새로운 경험도 할 겸 한국(서울)에 왔어요.
3) 고향에서 사귄 한국 친구도 만날 겸 등산도 할 겸 설악산에 갔어요.
4) 네, 지난달에 영화제도 볼 겸 바다도 구경할 겸 부산에 갔다 왔어요.
5) 드라마 촬영 장소도 구경할 겸 좋은 경치도 볼 겸 남이섬에 가 볼 생각이에요.

☆ 연습해 봅시다

1) 윤아: 건강이 많이 좋아진 것 같아요.
   흐엉: 네, 1년 전부터 운동도 할 겸 돈도 아낄 겸 대중교통 대신 자전거를 탔어요. 그렇게 1년쯤 자전거를 타다가 보니까 이렇게 건강이 좋아졌어요.
2) 윤아: 한국말도 늘고 한국에 대해서도 많이 아는 것 같아요.
   에릭: 네, 1년 전부터 한국말도 공부할 겸 친구도 사귈 겸(한국 영화도 볼 겸) 한국 영화 동아리에 가입해서 활동했어요. 1년쯤 그렇게 동아리 활동을 하다가 보니까 한국말도 늘고 한국에 대해서도 많이 알게 됐어요.

1-2 건강한 생활 습관

☆ 어휘

1) 몸에 배어 2) 바른 3) 건강에 해로우니까/건강을 해치니까
4) 들여야겠다/길러야겠다 5) 건강을 해치는/건강에 해로운

☆ 문법1

1) 희선: 인생에서 무엇이 제일 중요하다고 생각하세요?
   카이: 저는 건강이 제일 중요하다고 생각해요. 건강을 잃으면 아무것도 할 수 없으니까요.
   희선: 저는 건강도 건강이지만 가족이 더 중요하다고 생각해요. 무슨 일이건 함께 할 가족이 없으면 하고 싶지 않을 것 같아요.
2) 희선: 집을 구할 때 무엇이 제일 중요하다고 생각하세요?
   카이: 저는 주변 환경이 제일 중요하다고 생각해요. 환경이 좋지 않으면 생활하기가 힘드니까요.
   희선: 저는 주변 환경도 주변 환경이지만 교통이 중요하다고 생각해요. 교통이 편리하지 않으면 여기저기 다니기가 불편하잖아요.
3) 희선: 좋은 인간관계를 유지하기 위해서 무엇이 제일 중요하다고 생각하세요?
   카이: 저는 예의가 제일 중요하다고 생각해요. 예의를 지키지 않으면 사람들이 기분 나빠하니까요.
   희선: 저는 예의도 예의지만 관심이 더 중요하다고 생각해요. 상대방에 대한 관심이 없으면 함께 있어도 그 시간이 즐겁지 않을 것 같아요.
4) 희선: 즐거운 학교생활을 하기 위해서 무엇이 제일 중요하다고 생각하세요?
   카이: 저는 친구가 제일 중요하다고 생각해요. 시간을 함께할 좋은 친구가 있어야 학교생활이 재미있으니까요.
   희선: 저는 친구도 친구지만 성적도 중요하다고 생각해요. 좋은 성적을 받지 못하면 학교에 다니는 의미가 없잖아요.
5) 희선: 직장을 구할 때 무엇이 제일 중요하다고 생각하세요?
   카이: 저는 월급이 제일 중요하다고 생각해요. 월급을 충분히 받지 못하면 생활을 할 수 없으니까요.
   희선: 저는 월급도 월급이지만 적성이 중요하다고 생각해요. 자신의 적성에 맞지 않는 일을 하면 금방 그만두게 될 것 같아요.

☆ 문법2

1) 후배: 한국어로 보고서를 쓰는 것이 정말 어려운데 뭐 좋은 방법이 없을까요?
   선배: 나도 처음에는 고생을 많이 했지. 한국어로 글을 잘 쓰려면 다양한 글도 많이 읽고 쓰는 연습도 많이 해야 해.
2) 후배: 아르바이트와 공부를 함께 하는 것이 정말 어려운데 뭐 좋은 방법이 없을까요?
   선배: 두 가지를 모두 잘할 수는 없지. 하나만 선택해서 열심히 하는 게 좋아.
3) 후배: 시험 준비를 하는 것이 정말 어려운데 뭐 좋은 방법이 없을까요?
   선배: 처음 수업을 들을 때부터 예습과 복습을 하는 게 중요하지. 너도 이제부터라도 예습과 복습을 열심히 해 봐.
4) 후배: 친구 사귀기가 정말 어려운데 뭐 좋은 방법이 없을까요?
   선배: 나도 처음에 친구를 잘 사귀지 못 해서 좀 외로웠는데 동아리에 가입한 후에 친구들을 사귀게 됐지.(나도 처음에 친구를 잘 사귀지 못 해서 좀 외로웠지. 그런데 동아리에 가입한 후에 친구들을 사귀게 됐어.) 너도 동아리에 가입해서 활동해 보는 게 어때?
5) 후배: 마음에 드는 집을 구하는 것이 정말 어려운데 뭐 좋은 방법이 없을까요?
   선배: 마음에 드는 집을 구하는 것은/원하는 조건을 모두 갖춘 집을 찾는 것은 쉬운일이 아니지. 자신에게 제일 중요한 조건이 무엇인지 생각해 보고 집을 찾는 것이 좋아.

☆ 연습해 봅시다

1) 흐엉: 아버지께서 기타를 잘 치세요?
   하늘: 그럼요, 잘 치시지요. 기타도 기타지만 피아노를 잘 치세요. 저희 아버지는 여러 가지 악기를 연주하실 수 있어요.
2) 하늘: 하늘 씨는 어렸을 때 노래 부르는 것을 좋아했어요?
   노라: 그럼요, 좋아했지요. 노래도 노래지만 춤추는 것을 좋아했어요. 아버지께서 피아노를 치실 때 옆에서 춤을 추곤했어요.

◆ 복습

1. 1) 잠들었어 2) 아무래도 3) 놓 4) 그러게 5) 바른 6) 들이 7) 마음먹 8) 몸에 배

2. 1) 하다가 보니까 2) 필요하지요. 3) 운동도 운동이지만
4) 바람도 쐴 겸 마음의 여유도 찾을 겸

2-1 한국어 학습 목적

어휘
1) 흥미와 2) 의사소통을 3) 능력 개발을

문법1
1) 아침에 날씨가 어찌나 추운지 손이 다 얼었어요.
2) 도서관에 갔는데 어찌나 사람이 많은지 앉을 자리가 없었어요.
3) 시험을 봤는데 어찌나 문제가 어려운지 제대로 못 풀었어요.
4) 라면을 먹었는데 어찌나 매운지 눈물이 다 났어요.
5) 윗집이 어찌나 시끄러운지 밤에 잠을 잘 수가 없었어요.

문법2
1) 네, 현금이 없을 때 쓸 수 있도록 카드를 가지고 가세요.
2) 네, 약을 사기 어려울 때 먹을 수 있도록 두통약도 가지고 가세요.
3) 네, 정해진 무게를 넘지 않도록 집에서 미리 짐 무게를 재는 게 좋아요.
4) 네, 급한 전화를 받을 수 있도록 휴대 전화를 가지고 가세요.
5) 아니요, 비행기 출발 시간에 늦지 않도록 좀 더 일찍 출발하세요.

연습해 봅시다
1) 유키: 요즘 저녁 약속이 어찌나 많은지 늦은 시간까지 음식을 계속 먹게 돼요.
노라: 늦은 시간에 음식을 먹지 않도록 저녁에 만나는 약속을 줄이는 게 좋겠어요.
2) 유키: 어제 커피를 어찌나 많이 마셨는지 밤에 잠을 푹 못 잤어요.
노라: 푹 잘 수 있도록 커피를 한두 잔만 마시는 게 좋겠어요.

2-2 효과적인 학습 방법

어휘
1) 암기해서 2) 유창하 3) 매체를 활용해서 4) 향상되었다
5) 꾸준히 했다 6) 완벽하

문법1
1) 그렇게 약만 먹을 게 아니라 빨리 병원에 가세요.
2) 스트레스가 쌓일 때 단 음식을 먹을 게 아니라 산책이나 운동을 해 보세요.
3) 문자만 보낼 게 아니라 직접 찾아가 보세요.
4) 그렇게 주말 내내 텔레비전만 볼 게 아니라 친구와 만나서 노는 건 어때요?
5) 그렇게 밥을 계속 사 먹을 게 아니라 집에서 직접 요리를 해 먹는게 어때요?

문법2
1) 윤아: 노라 씨, 이 재킷을 입을래요?
노라: 저는 좀 더 큰 사이즈를 입어요. 제가 입기에는 작을 것 같아요.
2) 윤아: 노라 씨, 이 구두를 신을래요?
노라: 저는 오랫동안 서서 일해야 해요. 일할 때 신기에는 불편할 것 같아요.
3) 윤아: 노라 씨, 이 노트북을 쓸래요?
노라: 이 노트북이 좋긴 한데 가지고 다니기에는 무거울 것 같아요.
4) 윤아: 노라 씨, 이 책을 읽을래요?
노라: 저는 4급이에요. 제가 읽기에는 어려울 것 같아요.
5) 윤아: 이 의자를 가져가서 쓸래요?
노라: 제 방이 작아요. 제 방에 놓기에는 의자가 좀 커요.

연습해 봅시다
1) 걸어가기에는 좀 멀어요. 걸어갈 게 아니라 택시를 타고 가요.
2) 세 사람이 먹기에는 많을 것 같아요. 한꺼번에 5인분을 시킬 게 아니라 부족하면 더 시키는 게 좋겠어요.

◆ 복습
1. 1) 우연히 2) 수준이 3) 관련된 4) 서서히 5) 의존하
6) 매체로 7) 효과적 8) 꾸준히
2. 1) 어찌나 재미있는지 2) 보기에는 3) 읽을 게 아니라
4) 이해할 수 있도록

3-1 성격

어휘
1) 소극적이다 2) 적극적이다 3) 내성적이다 4) 느긋하다
5) 주도적이다

문법1
1) 제가 어렸을 때 제일 큰 지폐는 만 원짜리였던 것 같아요.
2) 제가 어렸을 때는 김포공항만 있었던 것 같아요.
3) 제가 어렸을 때 서울에서 제일 높은 건물은 63빌딩이었던 것 같아요.
4) 제가 어렸을 때 서울에는 버스 전용 차로가 없었던 것 같아요.
5) 제가 어렸을 때 외국인이 지금보다는 적었던 것 같아요.

문법2
1) 우진 씨가 여행을 갈 때는 머리가 짧더니 돌아올 때는 머리가 길어졌어요.
2) 우진 씨가 여행을 갈 때는 조금 통통하더니 돌아올 때는 살이 많이 빠졌어요.
3) 우진 씨가 여행을 갈 때는 얼굴이 하얗더니 돌아올 때는 얼굴이 많이 탔어요.
4) 우진 씨가 여행을 갈 때는 짐이 별로 없더니 돌아올 때는 짐이 많아졌어요.
5) 우진 씨가 여행을 갈 때는 신발이 깨끗하더니 돌아올 때는 신발이 더러워졌어요.

연습해 봅시다
1) 하늘: 유키 씨가 내성적이었던 것 같은데 이제 처음 만난 사람들과 말을 잘하네.
주앙: 그러게. 유키 씨가 예전에는 내성적이더니 아르바이트를 하면서 처음 만난 사람들과도 말을 잘하게 되었나 봐.
2) 하늘: 제임스 씨가 요리를 못 했던 것 같은데 이제 잘하네.
수잉: 그러게. 제임스 씨가 예전에는 요리를 못하더니 요리 학원에 다니면서 요리를 잘하게 됐나 봐.

3-2 환경의 영향

어휘

1) 다정하다 2) 원만하다 3) 긍정적이다 4) 소심하다
5) 대범하다

문법1

1) 흐엉: 단어만 열심히 외우면 한국어를 잘할 수 있을 거예요.
리타오: 단어만 열심히 외운다고 해서 한국어를 잘 할 수 있는 것은 아니에요. 단어를 문장으로 활용하는 연습도 해야 해요.
2) 흐엉: 회사에서 일만 열심히 하면 승진할 수 있다고 생각해요.
리타오: 회사에서 일만 열심히 한다고 해서 승진할 수 있는 것은 아니에요. 일도 중요하지만 인간관계도 중요해요.
3) 흐엉: 돈을 많이 모으려면 은행에 저축을 해야 하는 것 같아요.
리타오: 저축만 한다고 해서 큰돈을 모을 수는 없어요.
4) 흐엉: 외국어를 잘하면 좋은 회사에 취직할 수 있다고 생각해요.
리타오 : 외국어를 잘한다고 해서 좋은 회사에 취직할 수 있는 것은 아니에요. 외국어도 중요하겠지만 전공, 경험 등 다른 중요한 것도 많아요.
5) 흐엉: 실력이 있는 사람은 반드시 성공할 거라고 생각해요.
리타오: 실력이 있다고 해서 반드시 성공할 수 있는 것은 아니라고 생각해요. 실력도 중요하지만 노력이 더 중요해요.

문법2

1) 존: 흐엉 씨의 꿈은 뭐예요?
흐엉: 저는 테레사 수녀님처럼 어려운 사람들을 돕고 싶어요.
2) 존: 유키 씨의 꿈은 뭐예요?
유키: 저는 어머니처럼 실력이 있는 요리 연구가가 되고 싶어요.
3) 존: 주앙 씨의 꿈은 뭐예요?
주앙: 저는유재식 씨처럼 유명한 방송인이 되고 싶어요.
4) 존: 리타오 씨의 꿈은 뭐예요?
리타오: 저는 세종대왕처럼 훌륭한 사람이 되고 싶어요.
5) 존: 준석 씨의 꿈은 뭐예요?
나: 앤 씨처럼 세계 여행을 가고 싶어요.

연습해 봅시다

1) 민수: 나도 노라처럼 큰 집에서 살았으면 좋겠어. 큰 집에서 살면 편할 것 같아.
윤아: 큰 집에 산다고 해서 다 편한 것은 아니야. 큰 집에 살면 청소하기가 힘들어.
2) 민수: 나도 에릭처럼 영어를 잘하면 외국 친구들을 쉽게 사귈 것 같아.
윤아: 영어를 잘한다고 해서 친구를 쉽게 사귈 수 있는 것은 아니야. 에릭은 활발해서 친구들을 잘 사귀는 거야.

◆ 복습

1. 1) 꼼꼼하 2) 활발해서 3) 내성적인 4) 영향을
5) 소심한 6) 불평을 7) 대범한 8) 타고난
2. 1) 덜렁거리더니 2) 했던 것 같아. 3) 민수처럼
4) 노력한다고 해서

4-1 진로 고민

어휘

1) 다재다능한 2) 전화위복이었다 3) 우왕좌왕했다
4) 작심삼일이었다 5) 우유부단한 6) 유비무환이라고
7) 상부상조하면서

문법1

1) 버스를 타고 보니까 반대 방향으로 가는 버스였어요.
2) 인사하고 보니까 모르는 사람이었어요/우진 씨가 아니었어요.
3) 메일을 보내고 보니까 깜빡하고 파일을 같이 보내지 않았어요.
4) 식당에서 물을 마시고 보니까 옆 사람 물이었어요.
5) 사고 보니까 집에 있는 책이었어요/집에 같은 책이 있었어요.

문법2

1) 평일에는 모두 바쁠 텐데 주말에 연습하는 게 어때?
2) 영수 집은 아파트라서 연습하면 시끄러울 텐데 노래방에서 연습하자.
3) 같은 색 옷을 입으면 보기 좋을 텐데 인터넷 쇼핑몰에서 다 같이 골라 볼까?
4) 예지가 피아노를 오랫동안 안 쳐서 갑자기 연습하려면 힘들 텐데 노래방 음악 파일을 찾아 보자.
5) 우리가 춤을 추면 결혼식에 온 손님들이 모두 즐거워할 텐데 춤도 같이 연습하자.

연습해 봅시다

1) 하늘: 리타오 씨, 배낭여행을 간다면서요?
리타오: 네, 그런데 가방을 다 싸고 보니까 생각보다 짐이 많아요.
하늘: 짐이 너무 많으면 가방이 무거울 텐데 꼭 필요한 것만 가져가는 게 어때요?
2) 하늘: 리타오 씨, 이번에 어학당 행사에서 사회를 보게 됐다면서요?
리타오: 네, 그런데 사회를 맡고 보니까 준비해야 할 것이 너무 많아요.
하늘: 혼자서 다 하기 힘들 텐데 도움이 필요하면 언제든지 이야기하세요.

4-2 취업 박람회

어휘

1) 자격증이 2) 근무지 3) 연봉 4) 복지

문법1

1) 가능하신지요?
2) 좋으신지요?
3) 보내셨는지요?
4) 확인해 주실 수 있으신지요?/확인해 줄 수 있으신지요?
5) 괜찮은지요?

문법2

1) 유키: 여행지에서 카메라를 잃어버린/잃어버렸을 경우에 얼마를 돌려받을 수 있습니까?
직원: 여행지에서 카메라를 잃어버린/잃어버렸을 경우에 여행지 경찰서의 확인서를 보험 회사에 내면 최대 20만원까지 돌려받으실 수 있습니다.
2) 유키: 비행기가 취소되는 경우에 보험 회사에서 어떤 도움을 받을 수 있습니까?
직원: 비행기가 취소되는 경우에 항공편 취소 확인 서류와 사용한 식

비 및 전화 통화료 영수증을 보험 회사에 내면 사용하신 비용을 최대 10만원까지 돌려받으실 수 있습니다.

3) 유키: 부친 짐이 늦게 도착하는 경우에 보험 회사에서 어떤 도움을 받을 수 있습니까?

직원: 짐이 늦게 도착하는 경우에 항공사의 확인 서류와 짐이 없는 동안 산 물건의 영수증을 보험 회사에 내면 사용하신 비용을 최대 20만원까지 받으실 수 있습니다.

4) 유키: 여권을 잃어버린/잃어버렸을 경우에 보험 회사에서 어떤 도움을 받을 수 있습니까?

직원: 여권을 잃어버린/잃어버렸을 경우에 여행지 경찰서의 확인서와 대사관에서 받은 여행 증명서를 보험 회사에 내면 여권을 다시 만드는 비용을 돌려받으실 수 있습니다.

5) 유키: 여행용 가방이 깨진/깨졌을 경우에도 돈을 돌려받을 수 있습니까?

직원: 네, 여행용 가방이 깨진/깨졌을 경우에 깨진 가방 사진과 가방 수리비 관련 서류를 보험 회사에 내면 가방 수리비를 받으실 수 있습니다.

연습해 봅시다

1) 진행자: 독감에 걸렸을 때 어떤 증상이 있고 이때 어떻게 해야 하는지요?

의사: 38도 이상의 열이 갑자기 나고 심한 몸살 증세가 있는 경우 독감일 수 있습니다. 이때는 의사의 진찰이 필요합니다.

2) 진행자: 환자 가족들은 어떻게 해야 하는지요?

의사: 환자가 가족과 같은 방을 쓰는 경우에 환자는 방을 따로 쓰게 하고 물건도 다른 가족들과 따로 사용하도록 해야 합니다.

복습

1. 1) 박람회 2) 게다가 3) 일거양득이었다고 4) 영업
5) 진로 6) 쪽 7) 발전 8) 대해

2. 1) 어떠신지요? 2) 힘드실 텐데 3) 드시는 경우에 4) 듣고 보니까

5-1 소비 형태

어휘

1) 수요는 2) 공급은 3) 저렴한 4) 고가 5) 구매하

문법1

1) 주앙: 언어를 공부할 때는 복습이 중요한걸요. 도움이 될 거예요.
2) 레오: 책이 좀 두껍고 무거운걸요. 가지고 다니기 불편할 것 같아요.
3) 주앙: 2권으로 나눌 수 있는걸요. 1권만 가지고 다니면 무겁지 않아요.
4) 레오: 값도 너무 비싼걸요. 학교 교재보다도 비싸요.
5) 주앙: 도서관에서 빌리면 되는걸요. 필요한 부분만 복사해도 되고요.

문법2

1) 에어컨을 사게요?
2) 다림질하게? 다리미는 TV 옆에 있다.
3) 씻으시게요? 비누는 서랍장 안에 있어요.
4) 누구를 만나게? 시간이 늦었으니까 너무 늦지 마라.
5) 텔레비전을 보게? 리모컨은 소파 위에 있다.

연습해 봅시다

1) 주앙: 6명이 먹기에는 음식이 부족해 보이네. 아무래도 안 되겠다. (*지갑을 들고 현관 쪽으로 가서 신발을 신는다.*)

레오: 지금 장을 보러 나가게? 음식을 만들 시간이 부족한걸. 모자라면 음식을 배달시키는 게 어때?

2) 주앙: 저녁을 먹기는 했는데 배가 고프네. 아무래도 안 되겠다. (*부엌에서 냄비를 꺼낸다.*)

레오: 지금 뭘 먹게? 시간이 너무 늦었는걸. 이 시간에 야식을 먹는 건 건강에 좋지 않으니까 우유 한 잔 정도 마시는 게 어때?

5-2 결제 방식

어휘

1) 선불 2) 후불 3) 할부 4) 가상 계좌 입금이
5) 간편 결제로 6) 가맹점

문법1

1) 만두를 냉장고 안에 넣었어야 했는데……
2) 어제 세탁소에서 옷을 찾아 놓았어야 했는데……
3) 저 버스를 탔어야 했는데……
4) 나갔어야 했는데……
5) 불을 껐어야 했는데……

문법2

1) 리타오 씨, 반말을 써도 되는 사람인지 아닌지 확인한 후에 말하는 연습을 해 보세요. 그렇게 연습을 하다가 보면 실수가 적어질 거예요.
2) 존 씨, 들어오고 나가는 돈을 적어 보세요. 계속 적다가 보면 어떻게 돈을 써야 할지 알 수 있을 거예요.
3) 노라 씨, 교수님께 부탁을 드려서 강의를 녹음한 후에 들어 보세요. 계속 듣다가 보면 이해할 수 있을 거예요.
4) 에릭 씨, 그 사람들과 친구가 되어서 이야기를 많이 해 보세요. 계속 이야기를 하다가 보면 한국어로 말할 기회도 생길 거예요.
5) 올리비아 씨, 여러 가지 다양한 한국 음식을 찾아서 드셔 보세요. 그렇게 하다가 보면 올리비아 씨 입맛에 맞는 음식을 찾을 수 있을 거예요. 또 그렇게 지내다가 보면 매운 음식에 익숙해질 수도 있어요.

연습해 봅시다

1) 존: 어머니 생신을 꼭 기억했어야 했는데 요즘 너무 바빠서 어머니 생신을 깜빡 잊어버리고 말았어요. 그래서 어머니께서 많이 섭섭해하셨어요.

레오: 바쁘게 지내다가 보면 가끔 그렇게 중요한 일을 잊어버릴 때도 있어요. 앞으로 어머니께 더 잘하면 돼요.

2) 우진: 회의 내용을 메모했어야 했는데 메모하지 않아서 기억하지 못했어요. 그래서 과장님께 혼이 나고 말았어요.

레오: 일하다가 보면 혼이 날 때도 있어요. 일이 익숙해지면 괜찮아질 거예요.

복습

1. 1) 아쉬워요 2) 들인 3) 당분간 4) 구매해서
5) 이래저래 6) 포함되어 7) 저가 8) 저렴하 9) 표시가

2. 1) 많은걸. 2) 들었어야 했어./했는데……/했나 봐.
3) 넣게? 4) 요리하다가 보면

6-1 불평과 불만

어휘

1) 불쾌했다 2) 간섭하는 3) 의사를 전달해야겠다 4) 갈등을 겪
5) 피하는

문법1

1) 올리비아: 컴퓨터가 고장 났는데 인터넷까지 연결이 안 돼서 답답했어요.
2) 윤아: 엄마가 안 계셔서 가족들 저녁을 차려야 하는데 조카까지 챙겨야 해서 바빴어요.
3) 에릭: 요즘 회사 일도 많은데 고향 친구까지 한국에 와 있어서 정신이 없었어요.
4) 우진: 김 대리가 휴가여서 출근을 안 했는데 미선 씨까지 아파서 회사에 못 온다고 해서 하루 종일 저 혼자 일을 했어요.
5) 노라: 친구들이 내 생일을 잊어버렸는데 가족들까지 내 생일을 안 챙겨 줘서 서운했어요.

문법2

1) 네, 부산에 외국인 관광객이 생각보다 많이 있더라고요.
2) 야경이 정말 아름답더라고요.
3) 부산에서 먹은 해산물 요리는 정말 신선하고 맛있더라고요.
4) 네, 영화에서 본 장소에 직접 가 보니까 신기하고 재미있더라고요.
5) 네, 고속버스를 탔는데 주말이어서 길이 많이 막히더라고요.

연습해 봅시다

1) 후배: 주말 저녁에 영화를 보러 갔는데 영화관이 정말 복잡하더라고요.
   선배: 평일 아침에 영화를 보러 가면 영화관도 복잡하지 않고 영화표 값까지 싸니까 평일 아침에 영화를 보러 가.
2) 후배: 학교 도서관에 공부하러 갔는데 열람실에 빈 좌석이 없더라고요.
   선배: 도서관 앱을 활용하면 열람실에 빈 좌석이 있는지 알 수 있고 좌석 사용 시간 연장까지 할 수 있으니까 도서관 앱을 사용해 봐.

6-2 위로와 격려

어휘

1) 속상하다/실망하다 2) 지치다 3) 우울하다 4) 격려하다
5) 공감하다

문법1

1) 할아버지께서 등산을 가시는지 등산복을 입고 나가세요.
2) 텔레비전 프로그램이 재미있는지 할머니께서 웃고 계세요.
3) 오늘 누구 생일인지 어머니께서 생일상을 차리고 계세요.
4) 아버지께서 출장을 가시는지 짐을 챙기고 계세요.
5) 누나가 입사 시험에 합격했는지 기뻐하고 있어요.

문법2

1) 발표가 3일밖에 안 남았으니까 존 씨가 자료 조사를 다했겠지요.
2) 리타오 씨가 컴퓨터를 잘하니까 프리젠테이션 파일을 잘 만들 수 있겠지요.
3) 흐엉 씨가 30분 전에 복사실에 간다고 했으니까 발표지를 다 복사했겠지요.
4) 학교에 거의 다 왔다고 문자가 왔으니까 노라 씨가 제시간에 도착하겠지요.
5) 팀원들이 모두 열심히 준비했으니까 우리 팀이 좋을 성적을 받을 수 있겠지요.

연습해 봅시다

1) 흐엉: 주앙 씨가 고향에 돌아가는지 면접시험을 포기했어요.
   노라: 주앙 씨가 다른 회사에 합격했대요.
   흐엉: 아, 그래서 면접시험을 안 봤군요.
   노라: 이미 합격해서 면접을 볼 필요가 없겠지요.
2) 흐엉: 주앙 씨가 원룸이 불편한지 아파트를 구하고 있어요.
   노라: 주앙 씨가 동생과 같이 살기로 했대요.
   흐엉: 아, 그래서 아파트를 구하고 있었군요.
   노라: 동생과 같이 살려면 더 넓은 집이 필요하겠지요.

◆ 복습

1. 1) 떴어 2) 딱 3) 심정이야 4) 속상했는데
   5) 연속으로 6) 지나친 7) 배려해야 8) 가만히
2. 1) 에어컨까지 2) 많은지 3) 한다고 하더라고요.
   4) 오시겠지요.

7-1 공공질서

어휘

1) 무단 횡단했다. 공공질서를 지켜야 한다.
2) 새치기했다. 매너를 지켜야 한다. / 공공질서를 지켜야 한다.
3) 고성방가했다. 신경을 써야 한다. / 공공질서를 지켜야 한다.

문법1

1) 에릭 씨는 10시가 넘도록 교실에 도착하지 못했어요.
2) 에릭 씨가 옷이 땀에 다 젖도록 춤 연습을 했어요.
3) 에릭 씨는 친구들과 노래방에 가서 목이 쉬도록 노래를 불렀어요.
4) 에릭 씨는 장갑에 구멍이 나도록 골프 연습을 열심히 했어요.
5) 에릭 씨가 한식당에서 1시간이 넘도록 바닥에 앉아 있었어요.

문법2

1) 저는 요즘 가족이 많이 그립습니다. 동생만이라도 한국에 왔으면 좋겠습니다.
2) 저는 요즘 고향 음식을 먹고 싶을 때가 많아요. 좋아하는 과자만이라도 먹었으면 좋겠어요.
3) 요즘 바빠서 집안일이 많이 밀렸어요. 방 청소만이라도 다른 사람이 해 줬으면 좋겠어요.
4) 요즘처럼 힘들 때는 고향의 맛있는 커피를 마시고 싶어요. 고향 커피의 향기만이라도 맡고 싶어요.
5) 요즘 잠을 못 자서 정말 피곤해요. 한 시간만이라도 푹 자 봤으면 좋겠어요.

연습해 봅시다

1) 일주일 전쯤 출근을 할 때 730번 버스에서 마음에 드는 여자를 봤어요. 그 후 일주일이 넘도록 그 사람과 같은 버스를 탔는데 말도 한 마디 못했어요. 이름만이라도 물어보고 싶은데 용기가 나지 않아요.

2) 요즘 허리와 발목이 아파서 병원에 다녀요. 병원에 다닌 지 1달이 다 되도록 별로 좋아지지 않았어요. 허리도 아프지만 발목이 아프니까 걷기가 너무 힘들어요. 발목만이라도 좋아져서 편하게 걸었으면 좋겠어요.

7-2 맛집

어휘
1) 느끼하다 2) 매콤하다 3) 비리다 4) 새콤하다
5) 씁쓸하다 6) 짭짤하다

문법1
1) 친구가 주말에 이사를 할 거라고 하길래 주말에 가서 도와줬어요.
2) 룸메이트가 감기에 걸렸길래 약국에 가서 약을 사다가 줬어요.
3) 친구가 숙제가 어렵다고 하길래 도와줬어요.
4) 동생이 한국에 여행을 올 거라고 하길래 여행 계획을 짜는 것을 도와줬어요.
5) 친구가 영어 문장이 너무 어렵다고 하길래 가르쳐 줬어요.

문법2
1) 에릭: 잡채를 만들어 보니까 어땠어요?
유키: 잡채를 만들 때 손이 많이 가서 시간이 많이 걸리던걸요.
2) 에릭: 언어 교환을 하는 친구를 처음 만났다고 했지요? 그 친구는 어땠어요?
유키: 그 친구가 친절하고 일본말을 꽤 잘하던걸요.
3) 에릭: 동네에 있는 도서관에 가 보니까 어땠어요? 책을 빌릴 수 있었어요?
유키: 아주 편하고 좋았어요. 외국인들도 책을 빌릴 수 있던걸요.
4) 에릭: 자전거를 대여해 보니까 어땠어요?
유키: 이용하기가 편리하던걸요.
5) 에릭: 한국의 전통 시장에 가 보니까 어땠어요?
유키:구경할 것도 많고 맛있는 것도 많던걸요.

연습해 봅시다
1) 올리비아: 집 근처에 커피숍이 새로 문을 열었길래 커피를 한번 사 봤어요.
윤아: 커피 맛은 어땠어요?
올리비아: 원두가 신선해서 그런지 향도 좋고 맛도 좋던걸요.
2) 올리비아: 친구가 모바일 간편 결제를 사용하면 편하다고 하길래 모바일 간편 결제앱을 쓰기 시작했어요.
윤아: 모바일 간편 결제를 사용해 보니까 어땠어요?
올리비아: 현금을 사용할 때보다 편하던걸요.

복습
1. 1) 입소문이 2) 붐벼요 3) 담백하 4) 오히려
5) 꼽히 6) 비결은 7) 매콤한 8) 책임지
2. 1) 빌려주는 곳이 있길래 2) 안전모만이라도
3) 땀이 나도록 4) 쓰게 하던걸요.

8-1 고장과 수리

어휘
1) 나갔습니까 2) 금이 갔습니까 3) 샙니까 4) 낡은
5) 교체해야

문법1
1) 주앙: 재활용 쓰레기를 버렸어요?
존: 아니요, 재활용 쓰레기를 버린다 버린다 하는 것이 버려야 하는 요일을 계속 놓쳐서 못 버리고 있어요.
2) 주앙: 책을 반납하러 도서관에 갔다 왔어요?
존: 아니요, 간다 간다 하는 것이 바빠서 아직 못 갔어요.
3) 주앙: 교과서 1과부터 복습할 거라고 했는데 했어요?
존: 아니요, (복습을) 한다 한다 하는 것이 시간이 없어서 못 하고 있어요.
4) 주앙: 제주도에 가는 비행기표를 알아봤어요?
존: 아니요, 비행기표를 알아본다 알아본다 하는 게 자꾸 잊어버려요.
5) 주앙: 에어컨 청소를 했어요?
존: 아니요, (에어컨 청소를) 한다 한다 하는 것이 시간이 없어서 못 하고 있어요.

문법2
1) 운전을 하면 지각할 것 같아서 지하철을 타고 가는 수밖에 없었어요.
2) 집에서 지하철역까지 가는 버스가 없어서 걸어가는 수밖에 없었어요.
3) 지하철을 타지 않으면 제시간에 출근할 수 없으니까 지하철을 타는 수밖에 없었어요.
4) 사람들에게 밀리지 않으려면 손잡이를 꽉 잡는 수밖에 없었어요.
5) 문 앞으로 가지 못해서 내려야 하는 역에서 못 내리고 다음 역에서 내리는 수밖에 없었어요.

연습해 봅시다
1) 주앙: 쓰던 물건들을 다 정리했어요?
리에: 아니요. 쓰던 물건을 정리해서 그 물건이 필요한 친구들에게 나눠 주려고 했는데 정리를 한다 한다 하는 것이 정리할 물건이 너무 많아서 할 수 없었어요.
주앙: 그럼 그냥 버리는 수밖에 없겠네요.
2) 주앙: 가족과 친구들에게 줄 선물을 샀어요?
리에: 아니요. 선물을 사려고 했는데 선물을 산다 산다 하는 것이 시간이 없어서 아직 못 샀어요.
주앙: 그럼 공항에서 사는 수밖에 없겠네요.

8-2 이웃 간의 문제

어휘
1) 피해를 주면 2) 손해를 끼쳤다 3) 규칙을 위반하지
4) 항의했다 5) 무책임한 6) 요구했다 7) 따졌다

문법1
1) 버스가 갑자기 서는 바람에 넘어졌어요.
2) 현금 자동 인출기가 고장 나는 바람에 돈을 못 찾았어요.
3) 갑자기 비가 오는 바람에 비를 다 맞았어요.
4) 마지막 버스를 놓치는/못 타는 바람에 집에 걸어서 갔어요.
5) 고양이가 갑자기 나오는 바람에 깜짝 놀랐어요.

문법2
1) 남자 친구: 이렇게 바빠서야 (어디) 데이트를 할 수 있겠어?

2) 엄마: 그렇게 식사를 제때 못 해서야 (어디) 건강을 유지할 수 있겠어?
3) 친구들: 이렇게 심하게 긴장해서야 (어디) 발표를 잘할 수 있겠어?
4) 룸메이트: 이렇게 늦게까지 게임을 해서야 (어디) 내일 일찍 일어날 수 있겠어?
5) 친구들: 그러게, 이렇게 날씨가 덥고 습해서야 (어디) 공부할 수 있겠어?

연습해 봅시다

1) 우진: 오늘도 휴대 전화에 문제가 생기는 바람에 급한 연락을 못 받았어요.
에릭: 무슨 문제가 생겼는데요?
우진: 요즘 제 휴대 전화는 배터리가 충분한데도 자꾸 꺼져요.
에릭: 그렇게 휴대 전화에 자주 이상이 생겨서야 (어디) 계속 쓸 수 있겠어요? 빨리 새 휴대 전화로 바꾸세요.
2) 우진: 여자 친구와의 약속을 또 깜빡하는 바람에 여자 친구가 화가 많이 났어요.
에릭: 왜 약속을 또 잊어버렸는데요?
우진: 요즘 일이 많아서 자꾸 잊어버리게 돼요.
에릭: 그렇게 약속을 자주 잊어버려서야 (어디) 여자 친구의 믿음을 얻을 수 있겠어요? 약속을 잊지 않도록 잘 적어 두고 휴대 전화에 알림도 만들어 놓으세요.

◆ 복습

1. 1) 불러서 2) 세면대를 3) 새 4) 웬만하면 5) 피해를 6) 손봐야겠다고 7) 교체해야 8) 요청하
2. 1) 생기는 바람에 2) 쓴다 쓴다 하는 것이 3) 어려워해서야 4) 새우는 수밖에 없어.

9-1 가짜 뉴스

어휘

1) 분석하다, 분석한 (결과) 2) 저장하다, 저장해 (놓은 파일)
3) 입력하다, 입력하려면 4) 전송하다, 전송해(지 못했다)
5) 삭제하다, 삭제하는 (것)

문법1

1) 누나는 나이에 비해서 하는 행동이 아이 같아요.
2) 오븐이 값에 비해서 좋아요.
3) 요리 실력에 비해서 너무 어려운 음식을 만들겠다고 한 것 같았어요.
4) (피자를 만드느라고) 들인 시간에 비해서 양이 적었어요./크기가 작았어요.
5) 제 기대에/제가 기대한 것에 비해서 너무 맛이 없었어요.

문법2

1) 아들: 친구들이 나도 같이 게임을 해야 한다고 하니까 안 할 수가 있어야지요.
2) 딸: 친구가 오늘 정말 재미있는 드라마가 시작된다고 하니까 안 볼 수가 있어야지요.
3) 딸: 내일까지 리포트를 내야 하는데 아까 드라마를 보느라고 쓰지 못해서 일찍 잘 수가 있어야지요.
4) 남편: 동료가 같이 식사하면서 자기 고민을 들어 달라고 부탁해서 거절할 수가 있어야지요.
5) 남편: 피로 때문에 몸이 무거워서 일어날 수가 있어야지요.

연습해 봅시다

1) 유키: 이번에 간 여행지는 어땠어요?
에릭: 소문에 비해서 별로 좋지 않았어요. 가는 곳마다 사람이 많아서 제대로 구경할 수가 있어야지요. 그곳은 추천할 만한 곳이 못 되는 것 같아요.
2) 유키: 여행지에서 가 본 식당은 어땠어요?
에릭: 기대에/기대한 것에 비해서 음식이 맛없었어요. 너무 맵고 짜서 먹을 수가 있어야지요. 그 식당은 추천할 만한 곳이 못 되는 것 같아요.

9-2 휴대 전화 사용 제한

어휘

1) 토의 2) 설득하는 3) 방안을 마련하 4) 합의하는
5) 의견을 제시한 6) 대립이

문법1

1) 누리 신문 기사에 따르면 한국과 미국의 대통령이 처음 만났다고 합니다.
2) 통계청 자료/조사 결과에 따르면 한국의 노인 인구 비율이 2050년에 38.2%가 될 거라고 합니다.
3) 설문 조사 결과에 따르면 외국인들이 가장 좋아하는 한국 음식은 삼겹살이라고 합니다.
4) 문화체육관광부의 자료/조사 결과에 따르면 외국인이 가장 많이 찾는 여행지는 서울과 제주(도)라고 합니다.
5) 한국 대학교 연구 결과에 따르면 주인이 울면 강아지가 더 빨리 달려온다고 합니다.

문법2

1) 미술이나 음악, 체육과 같은 것은 일찍 가르치는 것이 좋다고 봅니다.
2) 아이가 한글에 관심을 갖기 시작할 때 가르쳐야 한다고 봅니다.
3) 휴대 전화를 일찍 사용할수록 아이에게 나쁜 영향을 끼친다고 봅니다.
4) 영상을 볼 때 부모님과 함께 이야기하면서 본다면 문제가 되지 않는다고 봅니다.
5) 새로운 것을 생각하고 만들 때마다 칭찬을 하는 것이 좋은 방법이라고 봅니다.

연습해 봅시다

1) 리타오: 오늘 신문 기사에 따르면 올해 '하나'는 60경기 중 42 경기를 이겼고 '두리'는 60경기 중 38경기를 이겼다고 해요. 그러니까 저는 '하나'가 이길 거라고 봐요.
2) 노라: 하지만 경기 분석 자료에 따르면 대회가 생긴 이후 10년 동안, '하나'와 '두리'가 한 경기 중 55%는 '하나'가 졌다고 해요. 그러니까 저는 '하나'가 이기기 어렵다고 봐요.

◆ 복습

1. 1) 의심 2) 판단을 3) 여부를 4) 권리가 5) 합의하는 6) 가려야 7) 대립으로 8) 전문적으로

2. 1) 올 수가 있어야지요. 2) 노력에 비해서
3) 조사 결과에 따르면 4) 좋아질 거라고 봅니다.

10-1 현대인과 일

어휘
1) 향해서 2) 성과는 3) 올려야/거둬야/내야 4) 깨지 5) 잡아야

문법1
1) 기름값만 아니면 자동차로 출근했을 거예요.
2) 승진 시험만 아니면 이렇게 영어 공부를 열심히 안 했을 거예요.
3) 내일 건강 검진만 아니면 같이 삼겹살을 먹으러 갈 텐데⋯⋯. 오늘은 힘들 것 같아요.
4) 금요일 영어 수업만 아니면 같이 뮤지컬을 보러 갈 텐데 못 가서 아쉬워요.
5) 회의 준비만 아니면 좀 더 이야기할 텐데 회의 준비 때문에 지금 가야 해요.

문법2
1) 계속 컴퓨터를 봤더니 눈이 빠질 듯이 아파요.
2) 두통 때문에 머리가 깨질 듯이 아파요.
3) 마음이 날아갈 듯이 가벼워요.
4) 구름이 손에 잡힐 듯이 가까이 있어요.
5) 산 위에서 본 풍경은 그림으로 그려 놓은 듯이 아름다워요.

연습해 봅시다
1) 노라: 사장님께서 부탁한 번역을 이제 다 했어요.
윤아: 전문가가 한 듯이 꼼꼼하게 번역을 했네요.
노라: 사장님 부탁이니까요. 사장님 부탁만 아니면 안 했을 거예요. 번역하기 힘들었어요.
2) 노라: 저녁에 한국에 여행 온 친구 가족을 만날 거예요.
윤아: 진짜 자기 가족을 만나러 가는 듯이 기분이 좋아 보여요.
노라: 제가 좋아하는 친구의 오빠도 같이 왔으니까요. 친구 오빠만 아니면 안 나갔을 거예요.

10-2 현대인의 소통 수단

어휘
1) 편리성 2) 사교성이 3) 친밀감을 4) 판단력이 5) 영향력이

문법1
1) 하늘: 회사의 신기술을 다른 회사에 팔아서 돈을 받은 사람이 경찰에 잡혔대요.
아버지: 죄를 지으면 벌을 받아야 하는 법이지.
2) 하늘: 오늘 졸업식이 있었는데 같이 공부한 선생님, 친구들과 헤어져서 아쉬워하는 학생들이 많았대요.
아버지: 만남이 있으면 헤어짐도 있는 법이지.
3) 하늘: 무료로 관광도 시켜 주고 공연도 보여 준다고 하면서 노인들을 속여 물건을 비싸게 파는 사람들이 있대요.
아버지: 세상에 공짜는 없는 법이야.
4) 하늘: 결혼을 필수가 아닌 선택이라고 생각하는 사람이 늘고 있대요.
아버지: 시대가 바뀌면 사고방식도 변하는 법이지.
5) 하늘: 새해가 되면 운동을 시작하는 사람이 많지만 2~3주 후에는 그 수가 적어진대요.
아버지: 무슨 일이든 꾸준히 하는 게 어려운 법이지.

문법2
1) 한국은 대중교통 이용률이 높다고 할 수 있어요.
2) 한국 사람들은 가까운 해외 여행지를 좋아한다고 할 수 있어요.
3) 20대는 오랫동안 일할 수 있는 직장을 선호한다고 할 수 있어요.
4) 한국 사람들은 집을 구할 때 교통을 중요하게 생각한다고 할 수 있어요.
5) 한국 사람들은 다른 나라보다 일하는 시간이 길다고 할 수 있어요.

연습해 봅시다
1) 가: 이번에 새로 나온 휴대 전화는 어때요?
나: 가격은 30만원인데 기능에 비해 가격이 높지 않다고 할 수 있어요. 그래서 인기가 많아요.
가: 그렇게 기능도 다양하고 비싸지 않은 것을 누구나 사고 싶어 하는 법이지요.
2) 가: 지난번 휴가 때 묵은 호텔은 어땠어요?
나: 1박에 6만원인데 시설이나 서비스에 비해서 저렴한 편이라고 할 수 있어요. 그래서 예약이 일찍 끝나요.
가: 누구나 시설이 좋고 저렴한 곳에 묵고 싶어 하는 법이지요.

복습
1. 1) 장시간 2) 편리성 3) 선호한다 4) 흔하 5) 굳이
6) 살아남을 7) 경쟁력을 8) 멀어질
2. 1) 큰일 날 듯이 2) 지치게 한다고 할 수 있어.
3) 직장 문제만 아니면 4) 하나를 얻으면 하나를 잃는 법이야.

연습문제 답안

1-1 건강에 좋은 음식

어휘

1. 1) 그러게 2) 잡곡밥을 3) 밥상 4) 마음먹었다
   5) 시키려면 6) 마침 7) 차렸더니

-다가 보니까

1. 1) 며칠 동안 계속 야식을 먹다가 보니까 살이 좀 찐 것 같아요.
   2) 정신없이 보고서를 쓰다가 보니까 새벽 2시가 됐어요.
   3) 어렸을 때 자주 걷던 길을 걷다가 보니까 옛날로 돌아간 것 같은 기분이 드는군요.
   4) 요즘 일본말 공부를 열심히 안 하다가 보니까 전보다 못하게 된 것 같아요.
   5) 정보를 검색할 때 휴대 전화를 자주 사용하다가 보니까 이제는 컴퓨터가 켜져 있어도 휴대 전화로 검색해요.
2. 1) 점심을 먹다가 보니까
   2) 이야기하다가 보니까
   3) 짐을 정리하다가 보니까
   4) 시간을 보내다가 보니까
   5) 지내다가/살다가 보니까

-을/ㄹ 겸

1. 1) 회사도 구경할 겸 지원 서류도 낼 겸 지원할 회사에 가봤어요.
   2) 지원할 회사에 대한 정보도 들을 겸 그 회사의 분위기도 알아볼 겸 거기에 다니는 선배를 만났어요.
   3) 점심 식사도 할 겸 파티 장소도 예약할 겸 친구의 생일 파티를 할 식당에 가 봤어요.
   4) 여름옷도 쇼핑할 겸 부모님 선물도 살 겸 백화점에 다녀왔어
   5) 케이크도 주문할 겸 내일 아침에 먹을 빵도 살 겸 빵집에 갔다 왔어요.
2. 1) (돈도 벌 겸) 경험도 쌓을 겸
   2) (친구도 만날 겸) 공부도 할 겸
   3) (드라마도 볼 겸) 한국말 연습도 할 겸
   4) 등산도 할 겸 단풍 구경도 할 겸 설악산에 다녀왔어요.
   5) (노래도 부를 겸) 스트레스도 풀 겸 노래방에 자주 가요.

1-2 건강한 생활 습관

어휘

1. 1) 놓 2) 숙면 3) 아무래도 4) 잠든 5) 들여야 6) 방해가

도 이지만/지만

1. 1) 그 영화는 내용도 내용이지만 배우들의 연기가 정말 좋다.
   2) 그 물건은 값도 값이지만 디자인이 예뻐서 마음에 든다.
   3) 돈도 돈이지만 소중한 사진을 잃어버려서 기분이 나쁘다.
   4) 그 배우는 외모도 외모지만 연기를 잘해서 좋다.
   5) 귀찮기도 귀찮지만 날씨가 추워서 나가기가 싫다.
2. 1) 숙제도 숙제지만
   2) 월급도 월급이지만 일이 재미있어서/분위기가 좋아서
   3) 크기도 크지만 조용해서/시설이 좋아서
   4) 능력도 능력이지만 성격이 좋으니까 동료들이 좋아해요.
   5) 어렵기도 어려웠지만 공부할 시간이 없어서 그만뒀어요.

-지요

1. 1) 당연히 저도 졸업 여행을 가지요.
   2) 친구에게 그렇게 심한 말을 하면 안 되지요.
   3) 스트레스가 많이 쌓이면 실수를 할 수도 있지요.
   4) 아무래도 한국 친구를 사귀면 한국말이 빨리 늘지요.
   5) 20년 전에 이 동네는 교통이 참 불편했지.
2. 1) 키도 크지.
   2) 운동도 잘하지.
   3) 요리도 잘하지.
   4) 성격도 좋지.
   5) 유머 감각도 있지.

2-1 한국어 학습 목적

어휘

1. 1) 기업으로 2) 관련된 3) 진출해서 4) 계기로 5) 우연히

어찌나 -는지/은지/ㄴ지

1. 1) 해야 할 일이 어찌나 많은지 쉴 시간이 거의 없어요.
   2) 선우 씨는 기억력이 어찌나 좋은지 한 번 본 것은 다 기억해요.
   3) 올해 태어난 조카가 어찌나 귀여운지 매일 보고 싶어요.
   4) 에릭 씨는 어찌나 노래를 잘하는지 가수를 해도 될 것 같아요.
   5) 눈이 어찌나 많이 쌓였는지 다 치울 때까지 3시간이나 걸렸어요.
2. 1) 세일 기간이어서 어찌나 옷을 싸게 파는지/어찌나 예쁜 옷이 많은지
   2) 노래방에서 노래를 어찌나 오래 불렀는지/어찌나 응원을 열심히 했는지
   3) 어찌나 오래 걸어 다녔는지/어찌나 오래 서 있었는지
   4) 점심을 어찌나 많이 먹었는지 아직 배가 안 고파요.
   5) 여행을 가는 사람이 어찌나 많은지 비행기 표를 구할 수 없었어요./방학에도 어찌나 해야 할 일이 많은지 갈 수 없었어요.

-도록[1]

1. 1) 부모님께서 걱정하시지 않도록
   2) 다른 사람이 이해할 수 있도록
   3) 숙제가 밀리지 않도록
   4) 친구들이 충분히 먹을 수 있도록
   5) 약속 시간을 잊지 않도록
2. 1) 글씨가 잘 보이도록/글씨를 잘 볼 수 있도록
   2) 몸이 불편한 사람이나 노인들이 앉을 수 있도록
   3) 아이가 먹을 수 있도록
   4) 가족들의 생일을 잊어버리지 않도록 달력에 적어 놓으세요.
   5) 지갑을 쉽게 찾을 수 있도록 잘 보이는 곳에 두세요.

2-2 효과적인 학습 방법

어휘

1. 1) 의존하려고 2) 서서히 3) 수준으로 4) 효과적으로
   5) 상당히 6) 매체를

-을/ㄹ 게 아니라

1. 1) 밤에 잠이 안 오면 술을 마실 게 아니라 따뜻한 차를 드세요.
   2) 문자 메시지로 사과할 게 아니라 직접 만나서 사과하세요.
   3) 건강 때문에 고민만 할 게 아니라 건강 검진을 받아 보세요.
   4) 단어만 외울 게 아니라 단어가 들어간 문장을 외워 보세요.

5) 인터넷으로만 여행 정보를 찾을 게 아니라 가 본 사람에게 직접 물어보세요.

2. 1) 혼자 공부할 게 아니라
2) 서비스 센터에 전화만 할 게 아니라
3) 인터넷에만 글을 올릴 게 아니라
4) 약만 먹을 게 아니라 병원에 가 보세요.
5) 숙제만 열심히 할 게 아니라 한국 사람과 자주 만나서 이야기해 보세요.

-기에는

1. 1) 삼겹살 5인분은 두 사람이 먹기에는 많아요.
2) 피자 1판은 5명이 먹기에는 너무 적어요.
3) 오늘 날씨는 반팔 옷을 입기에는 추워요.
4) 이 문제는 초등학생이 풀기에는 어려워요.
5) 이 짐은 혼자 들기에는 너무 무거워요.

2. 1) 두 사람이 내기에는/학생이 내기에는
2) 걸어서 올라가기에는
3) 학교까지 걸어서 다니기에는
4) 제가 입기에는
5) 교환해 드리기에는

3-1 성격

어휘

1. 1) 덜렁거려서 2) 무표정이어서 3) 꼼꼼해서
4) 울먹거리면서 5) 내성적이어서 6) 예전 7) 활발한

-었던/았던/였던 것 같다

1. 1) 3시 반에 수업이 끝났던 것 같아.
2) 한 학년에 10반까지 있었던 것 같아.
3) 주석이가 장난을 많이 쳤던 것 같아.
4) 행복 문구점이었던 것 같아.
5) 졸업 여행을 경주로 갔던 것 같아.

2. 1) 친구들과 각자 자기 소개를 했던 것 같아요.
2) 봄이었는데 비가 많이 왔던 것 같아요.
3) '부산행'을 처음 봤던 것 같아요.
4) 초등학교 때 텔레비전에서 한국말을 처음 들었던 것 같아요.
5) 고등학교를 졸업하고 한국에 가야겠다고 처음 생각했던 것 같아요.

-더니[1]

1. 1) 주희 씨가 처음 회사에 들어왔을 때는 인사를 잘 안 하더니 요즘에는 인사를 잘해요.
2) 주아는 어릴 때 자주 아프더니 어른이 된 후에는 건강해졌어요
3) 동생이 초등학교 때는 편식을 하더니 크고 나서는 뭐든지 다 잘 먹어요.
4) 지난주에는 날씨가 덥더니 이번 주에는 시원해졌어요.
5) 민준 씨가 1년 전에는 운전하는 것을 무서워하더니 요즘에는 운전을 아주 잘해요.

2. 1) 아까는 차가 많이 밀리더니
2) 조금 전에는 식당에 사람이 없더니
3) 예전에는 조셉 씨가 친구들을 자주 만나더니
4) 미선 씨가 예전에는 날마다 운동을 하더니 요즘에는 바빠서 운동을 자주 하지 않아요

5) 제 동생이 전에는 노래방에 자주 가더니 요즘에는 자주 안 가요

3-2 환경의 영향

어휘

1. 1) 이기적 2) 타고나는 3) 평생 4) 불평을 5) 영향으로
6) 소심해서 7) 정이

-는다고/ㄴ다고/다고 해서[2]

1. 1) 휴대 전화를 오랫동안 본다고 해서
2) 내 일만 열심히 한다고 해서
3) 대화를 충분히 한다고 해서
4) 운동을 열심히 한다고 해서 살이 빠지는 것은 아니다.
5) 양손을 다 쓴다고 해서 머리가 좋은 것은 아니다.

2. 1) 시장에서 물건을 산다고 해서
2) 매운 음식을 자주 먹는다고 해서
3) 바쁘다고 해서
4) 담뱃값을 올린다고 해서 사람들이 담배를 덜 피우는 것은 아니에요.
5) 외동딸, 외동아들이라고 해서 모두 예의가 없는 것은 아니에요.

처럼

1. 1) 운동선수처럼 운동을 열심히 한다.
2) 모델처럼 허리를 펴고 걸으면
3) 저 배우처럼 한 번 보면 잊을 수 없는
4) 우리 팀장님처럼 누구에게나 실력을 인정받는
5) 우리 이모처럼 좋아하는 일을 하면서 살았으면

2. 1) 우리 오빠처럼
2) 저희 부모님처럼
3) 통역사처럼
4) 고향 집처럼 편해요.
5) 오드리 햅번처럼 세계 여러 나라의 어린이들을 도우면서 살고 싶어요.

4-1 진로 고민

어휘

1. 1) 박람회 2) 담당자 3) 게다가 4) 부담이 5) 진로
6) 일거양득 7) 시도했기

-고 보니까

1. 1) 국에 넣고 보니까 소금이 아니라 설탕이었다.
2) 버스에서 내리고 보니까 내가 내리려고 한 정류장이 아니었다.
3) 친구의 말을 듣고 보니까 친구가 왜 화가 났는지 알게 됐다.
4) 샌드위치를 다 만들고 보니까 햄을 넣지 않았다.
5) 약속 장소에 도착하고 보니까 내가 너무 일찍 왔다.

2. 1) 시작하고 보니까
2) 이사하고 보니까
3) 듣고 보니까
4) 타고 보니까
5) 친해지고 보니까

-을/ㄹ 텐데

1. 1) 여행을 가면 많이 걸어야 할 텐데 편한 신발을 신는 게 어때요?

2) 컴퓨터는 우진 씨가 잘 알 텐데 우진 씨에게 물어볼까요?
3) 피곤할 텐데 집에 가서 쉬세요.
4) 환율이 계속 바뀔 텐데 환전을 좀 미루는 게 어때요?
5) 날이 더워서 아이스크림이 녹을 텐데 빨리 냉동실에 넣으세요.

2. 1) 지금은 근무 시간이라서 전화를 못 받을 텐데
2) 힘들 텐데
3) 바쁘실 텐데
4) 주말이라서 극장에 사람이 많을 텐데 평일에 보러 가는 게/건 어때요?
5) 택시비가 많이 나올 텐데 공항버스를 타고 가는 건 어때요?

4-2 취업 박람회

어휘

1. 1) 답변 2) 영업 3) 지원자가 4) 대하 5) 자격이 6) 쪽

-는지요/은지요/ㄴ지요?

1. 1) 어떤 음식을 좋아하시는지요?
2) 어디 불편한 데는 없으신지요?
3) 비용이 모두 얼마인지요?
4) 주말 동안 잘 쉬셨는지요?
5) 이 문제는 어느 분께 말씀드려야 하는지요?

2. 1) 어떠신지요?
2) 고향에 가시는지요?
3) 좋으신지요?
4) 도서관 이용 시간이 몇 시까지인지요?
5) 이메일을 보내 드렸는데 받으셨는지요?

-는/은/ㄴ 경우에

1. 1) 키가 130cm가 안 되는 경우에 이 놀이 기구를 탈 수 없습니다.
2) 오후 3시 이전에 주문하는 경우에 다음 날 물건을 받을 수 있습니다.
3) 찾으시는 상품이 없는 경우에 매장 직원에게 말씀해 주세요.
4) 한복을 입은 경우에 무료로 고궁에 입장하실 수 있습니다.
5) 만 12세 이상인 경우에 성인 요금을 내야 합니다.

2. 1) 윷이 2개 뒤집히는 경우에는
2) 윷이나 모가 나오는 경우에
3) 다른 팀의 말을 잡는 경우에도
4) 다른 팀에게 말이 잡히는 경우에
5) 말이 큰 원에 도착하는 경우에

5-1 소비 형태

어휘

1. 1) 들여서 2) 저렴하 3) 수거료를 4) 아쉬웠다
5) 대여하는 6) 포함되어

-는걸요/은걸요/ㄴ걸요

1. 1) 하는걸요. 2) 많은걸요.
3) 올랐는걸요./오른걸요. 4) 왔는걸요./온걸요.
5) 어려운걸요.

2. 1) 생각보다 잘 봤는걸요./복습을 많이 하지 못했는걸요.
2) 3개월밖에 안 됐는걸요.
3) 남자 친구가 있는걸요.
4) 단걸요./매운걸요.
5) 9시만 되면 바로 자는걸요./일찍 자는걸요.

-게요?

1. 1) 옷들을 정리하게?
2) 컴퓨터 게임을 하게?
3) 외출하게?
4) 물을 마시게?
5) 커피를 사 오게?/먹을 것을 사러 가게?

2. 1) 자전거를 타게요?
2) 에어컨을 끄게요?
3) 염색하시게요?
4) 벌써 가시게요?
5) 더 기다리시게요?

5-2 결제 방식

어휘

1. 1) 표시를 2) 당분간 3) 이래저래 4) 도입하
5) 가맹점 6) 시스템이

-었어야/았어야/였어야 하다

1. 1) 일찍 잤어야 했다.
2) 돈을 아껴 썼어야 했다.
3) 주말에 밀린 집안일을 했어야 했다.
4) 밤에 많이 먹지 말았어야 했다.
5) 친구에게 거짓말을 하지 말았어야 했다.

2. 1) 모자를 가지고 왔어야 했는데
2) 사인을 받았어야 했는데
3) 말씀드려야 했는데
4) 좀 더 큰 집을 구했어야 했나
5) 농담을 하지 말았어야 했어요

-다가 보면

1. 1) 적은 돈이라도 계속 모으다가 보면 언젠가는 큰돈이 될 거예요.
2) 바쁘게 지내다가 보면 약속을 잊어버릴 수도 있어요.
3) 이 길로 계속 가다가 보면 오른쪽에 빨간색 건물이 보일 거예요.
4) 여러 번 반복해서 읽다가 보면 책의 내용이 이해가 될 거예요.
5) 친구하고 신나게 놀다가 보면 시간이 어떻게 갔는지 모를 때가 있어요.

2. 1) 계속 사용하다가 보면
2) 연애를 하다가 보면
3) 외국어를 공부하다가 보면
4) 계속 같이 살다가 보면/시간을 같이 보내다가 보면 친해질 거예요.
5) 계속 연습하다가 보면 발음이 좋아질 거예요.

6-1 불평과 불만

어휘

1. 1) 무시하면 2) 가만히 3) 배려하는 4) 매너가 5) 불쾌했다
6) 지나친

까지

1. 1) 그 가게는 서비스도 좋은데 가격까지 저렴하다.
   2) 제임스 씨는 가수처럼 노래도 잘하는데 춤까지 잘 춘다.
   3) 주말 저녁에 식당에 가면 사람도 많은데 음식값까지 비싸다.
   4) 영수 씨는 감기에 걸렸는데 배탈까지 났다.
   5) 어머니는 나를 위해 여러 가지 물건을 사 놓으셨는데 밥솥까지 준비해 놓으셨다.

2. 1) 휴대 전화 배터리까지 떨어져서 연락을 못 했어요.
   2) 대학 입학 준비까지 해야 해서 바빠요.
   3) 짐까지 많아서 힘들었어요.
   4) 물건을 사고 결제까지 할 수 있어요.
   5) 성격까지 꼼꼼해서 승진을 한 것 같아요.

-더라고요

1. 1) 친구와 신촌에 갔는데 고향 음식을 파는 식당이 있더라고요.
   2) 지난 주말에 한옥 마을에 갔는데 외국인 관광객이 많더라고요.
   3) 휴가철이어서 기차표를 예매하기가 쉽지 않더라고요.
   4) 솔직하게 자기 마음을 표현하는 것이 어렵더라고요.
   5) 어제 리에 씨를 만났는데 감기에 걸렸더라고요.

2. 1) 나아지셨더라고요./좋아지셨더라고요.
   2) 친구들은 많이 결혼을 했더라고요./결혼한 친구들이 많더라고요.
   3) 제가 자주 가던 식당은 그대로 있더라고요.
   4) 음식 맛이 달라졌더라고요./음식 맛이 다르더라고요.
   5) 아쉽더라고요.

6-2 위로와 격려

어휘

1. 1) 연속으로 2) 딱 3) 의욕을 4) 심정이었다
   5) 분명히 6) 떴다

-는지/은지/ㄴ지

1. 1) 우진 씨가 회의 중인지 전화를 받지 않아요.
   2) 노라 씨가 감기에 걸렸는지 계속 기침을 해요.
   3) 주앙 씨가 기분 나쁜 일이 있는지 표정이 별로 안 좋아요.
   4) 시험 문제가 어려웠는지 90점 이상 받은 학생이 없어요.
   5) 요즘 날씨가 건조한지 산불이 자주 나요.

2. 1) 예습을 했는지/집에서 미리 공부를 했는지
   2) 숙제 공책을 안 가져 왔는지
   3) 아침을 안 먹었는지
   4) 집에 갔는지
   5) 재미있는 일이 있는지

-겠지요

1. 1) 노라 씨가 약도 먹고 주사도 맞았으니까 곧 몸이 좋아지겠지요.
   2) 서울은 세계적인 도시니까 외국인이 많이 오겠지요.
   3) 겨울에는 제주도가 서울보다 따뜻하겠지요.
   4) 올가 씨가 우리 반에서 성적이 제일 좋으니까 이번 학기에 장학금을 받겠지요.
   5) 9시니까 아직 백화점 문을 안 열었겠지요.

2. 1) 학교에 오겠지요.
   2) 물가도 오르겠지요.
   3) 추위가 풀리겠지요.
   4) 전에 살던 집보다 넓겠지요.
   5) 이번에도 노래 대회에 나가겠지요.

7-1 공공질서

어휘

1. 1) 짖는 2) 마구 3) 다가오는 4) 오히려 5) 목줄을
   6) 책임지 7) 반려동물 8) 몇몇

-도록[2]

1. 1) 오빠가 마흔 살이 되도록 결혼할 생각을 안 해요.
   2) 영화가 슬퍼서 눈이 퉁퉁 붓도록 울었어요.
   3) 기다린 지 삼십 분이 지나도록 친구가 오지 않아요.
   4) 구멍이 나도록 양말을 오랫동안 신었어요.
   5) 아이가 세 살이 되도록 말을 못해요.

2. 1) 1주일이 넘도록
   2) 날이 밝도록/밤이 새도록
   3) 동창회가 끝나는 시간이 다 되도록/1시간이 지나도록
   4) 배가 터지도록 먹었어요.
   5) 친구들과 목이 쉬도록 노래를 신나게 불렀어요.

만이라도

1. 1) 한 달만이라도 다른 나라에서 살아 보고 싶다.
   2) 한 개만이라도 그 물건이 남아 있었으면 좋겠다.
   3) 일 분만이라도 나에게 생각할 시간을 주면 좋을 것 같다.
   4) 한 사람만이라도 나를 믿어 주면 좋을 텐데…….
   5) 집에서만이라도 듣고 싶은 음악을 들을 수 있으면 좋겠다.

2. 1) 저녁만이라도
   2) 한 번만이라도
   3) 한 사람만이라도
   4) 한 가지만이라도
   5) 한 봉지만이라도

7-2 맛집

어휘

1. 1) 붐볐다 2) 입소문이 3) 꼽힌다 4) 비결을 5) 담백한
   6) 고소한 7) 색달라서 8) 최근

-길래

1. 1) 맛집에 갔는데 기다리는 줄이 너무 길길래 다른 식당에 갔어요.
   2) 눈 때문에 길이 미끄럽길래 차를 집에 두고 나왔어요.
   3) 고향 친구가 한국에 온다고 하길래 공항에 친구를 데리러 갔어요.
   4) 새로 나온 과자가 맛이 있어 보이길래 사 왔어요.
   5) 외국인 친구가 한국 소설책을 읽고 싶어 하길래 소설책을 빌려줬어요.

2. 1) 민수가 전화로 회의 결과를 물어보길래
   2) 잘못된 곳이 많길래
   3) 기다려도 버스가 오지 않길래
   4) 마음에 드는 점퍼가 비싸길래 안 사고 그냥 왔어요.
   5) 슈퍼마켓에서 사과를 싸게 팔길래 많이 사 왔어요.

-던걸요

1. 1) 길에 똑같은 티셔츠를 입고 다니는 사람이 많던걸요.
   2) 서울은 대중교통을 이용해서 다니기가 편하던걸요.
   3) 서울 곳곳에 커피 전문점이 많이 있던걸요.

4) 서울 거리에는 검은색, 흰색 자동차가 많이 다니던걸요.
5) 한국 식당에서는 반찬을 무료로 주던걸요.

2. 1) 제일 맛있던걸요.
2) 제일 아름답던걸요.
3) 홍대를 좋아하던걸요.
4) 듣고 따라하기가 쉽던걸요.
5) 친구들이 김을 많이 사 가던걸요.

8-1 고장과 수리

어휘

1. 1) 세면대 2) 다 됐는지 3) 교체했다 4) 불렀다
5) 샜다 6) 키를

-는다/ㄴ다 -는다/ㄴ다 하는 것이

1. 1) 보낸다 보낸다 하는 것이
2) 한다 한다 하는 것이
3) 간다 간다 하는 것이
4) 수리 센터 기사님을 부른다 부른다 하는 것이 아직도 못 불렀어요.
5) 할머니께 전화를 드린다 드린다 하는 것이 아직도 못 드렸어요.

2. 1) 계획을 세운다 세운다 하는 것이
2) 담배를 끊는다 끊는다 하는 것이
3) 가 본다 가 본다 하는 것이
4) 서류를 신청하러 간다 간다 하는 것이 아직 못 갔어요.
5) 프린터를 고친다 고친다 하는 것이 아직 못 고쳤어요.

-는 수밖에 없다

1. 1) 굶는 수밖에 없다.
2) 오늘 밤을 새워서 쓰는 수밖에 없다.
3) 날아간 부분을 다시 만드는 수밖에 없다.
4) 이전 역이나 다음 역에 내려서 걷는 수밖에 없다.
5) 택시를 타는 수밖에 없다.

2. 1) 버리는 수밖에 없겠어요.
2) 직접 가서 표를 사는 수밖에 없겠어요.
3) 일찍 가서 기다리는 수밖에 없겠어요.
4) 그럼 나중에 가는 수밖에 없겠어요.
5) 그럼 비즈니스석 표를 사는 수밖에 없겠어요.

8-2 이웃 간의 문제

어휘

1. 1) 웬만하면 2) 종종 3) 쿵쿵거려서 4) 요청했다
5) 도대체 6) 항의하

-는 바람에

1. 1) 내가 탄 지하철이 고장 나는 바람에 수업에 늦었어요.
2) 바람이 세게 부는 바람에 모자가 날아가 버렸어요.
3) 뒷사람이 미는 바람에 넘어졌어요.
4) 집에서 정신없이 나오는 바람에 휴대 전화를 집에 놓고 왔어요.
5) 지갑을 잃어버리는 바람에 신분증을 다시 만들어야 해요.

2. 1) 갑자기 한국에 오는 바람에
2) 미끄러지는 바람에
3) 수업이 갑자기 없어지는 바람에
4) 휴대 전화가 고장 나는 바람에 전화를 할 수 없었어요.
5) 갑자기 배탈이 나는 바람에 아무 것도 못 먹었어요.

-어서야/아서야/여서야

1. 1) 날씨가 이렇게 습해서야 어디 빨래가 마르겠어요?
2) 저렇게 거짓말을 많이 해서야 어디 루크 씨를 믿을 수가 있겠어요?
3) 집이 이렇게 작아서야 어디 두 사람이 같이 살 수 있겠어요?
4) 저렇게(이렇게) 덜렁거려서야 어디 민수 씨에게 중요한 일을 맡길 수 있겠어요?
5) 음식이 이렇게 맛없어서야 어디 이 식당에 다시 오고 싶은 마음이 들겠어요?

2. 1) 많이 올라서야
2) 모르는 단어가 많아서야
3) 심하게 간섭해서야/간섭이 심해서야
4) 그렇게 시끄러워서야 (어디) 집에서 편하게 쉴 수 있겠어요?
5) 그렇게 놀기만 해서야 (어디) 시험을 잘 볼 수 있겠어요?

9-1 가짜 뉴스

어휘

1. 1) 넘쳐난다 2) 의심이 3) 여부를 4) 전문적으로
5) 난리가 6) 작업 7) 전달됐는지 8) 가려야겠다

에 비해서

1. 1) 하는 일에 비해서
2) 키에 비해서
3) 나이에 비해서
4) 능력에 비해서
5) 열심히 운동한 것에 비해서

2. 1) 수에 비해서
2) 양에 비해서
3) 실력에 비해서
4) 나이에 비해서 키가 크거든요.
5) 값에 비해서 질이 좋아요./ 질에 비해서 값이 싸요.

-을/ㄹ 수가 있어야지요

1. 1) 옷이 작아서 입을 수가 있어야지요.
2) 다리가 아파서 더 걸을 수가 있어야지요.
3) 날씨가 너무 추워서 나갈 수가 있어야지요.
4) 너무 졸려서 책을 읽을 수가 있어야지요.
5) 너무 시끄러워서 공부를 할 수가 있어야지요.

2. 1) 알 수가 있어야지요.
2) 기다릴 수가 있어야지요./참을 수가 있어야지요.
3) 안 살 수가 있어야지요.
4) 너무 어려워서 풀 수가 있어야지요.
5) 할 일이 많아서 잘 수가 있어야지요.

9-2 휴대 전화 사용 제한

어휘

1. 1) 인권을 2) 권리 3) 판단을 4) 의견을 5) 마음대로
6) 제한해야 7) 합의했다

에 따르면

1. 1) 안내 방송에 따르면 서울행 기차는 20분쯤 늦게 도착할 것이라고 합니다.
   2) 오늘 뉴스 보도에 따르면 기름 값이 몇 달째 계속 떨어지고 있다고 합니다.
   3) 2월 10일자 연한 신문 기사에 따르면 택시 요금이 다음 달 1일부터 오른다고 합니다.
   4) 편의점 아르바이트 학생의 말에 따르면 도둑은 손님이 아주 많을 때 물건을 훔쳤다고 합니다.
   5) 경제 연구소의 보고서에 따르면 작년에 비해서 온라인 구매가 31% 늘었다고 합니다.
2. 1) 일기 예보에 따르면
   2) 어느 대학의 연구 결과에 따르면 쓰면서 공부하면 내용을 더 오래 기억할 수 있다고 해요.
   3) 선생님 말씀에 따르면 결석을 많이 하면 장학금을 받을 수 없대요.
   4) 종로 경찰서의 발표에 따르면 오늘 새벽에 난 자동차 사고는 7시쯤 정리가 됐대요.
   5) 통계청 조사 결과에 따르면 혼자 사는 사람이 전체 인구의 28.6%래요.

-는다고/ㄴ다고/다고 보다

1. 1) 상대방의 마음을 이해하는 것만큼 좋은 위로는 없다고 봅니다.
   2) 김윤수 선수는 부상 때문에 이번 대회에 나가기 어렵다고 봅니다.
   3) 김영수 씨가 이번 일을 잘 끝낼 거라고 봅니다.
   4) 경쟁이 최선의 방법이 아니라고 봅니다.
   5) 아이들에게 다양한 경험을 할 수 있는 기회를 줘야 한다고 봅니다.
2. 1) 높다고 봅니다.
   2) 없다고 봅니다.
   3) 관심을 많이 가질 거라고 봐요.
   4) 네, 기름값은 계속 오른다고 봅니다./오를 거라고 봅니다.
   5) 1주일 정도 치료를 받아야 한다고 봅니다./1주일 치료를 받으면 나을 거라고 봅니다.

10-1 현대인과 일

어휘

1. 1) 경쟁이 2) 온종일 3) 뒤떨어지는/뒤떨어진 4) 살아남
   5) 장시간 6) 효율적으로

만 아니면

1. 1) 급한 일만 아니면 제임스 씨 생일 파티에 갔을 것이다.
   2) 태풍만 아니면 부산으로 놀러 갔을 것이다.
   3) 친한 친구의 부탁만 아니면 차를 빌려주지 않았을 것이다.
   4) 등록금만 아니면 이렇게 힘든 아르바이트를 하지 않았을 것이다.
   5) 면접시험만 아니면 비싼 정장을 사지 않았을 것이다.
2. 1) 부모님만 아니면
   2) 출장만 아니면
   3) 시험만 아니면 어제 동아리 모임에 갔을 거예요.
   4) 몸살감기만 아니면 스키를 타러 갔을 거예요.
   5) 안개만 아니면 비행기가 출발했을 거예요.

-는/은/ㄴ 듯이

1. 1) 제임스 씨는 유명한 사람이라도 된 듯이 잘난 척을 하고 다녀요.
   2) 학생들이 약속이라도 한 듯이 모두 파란 색 옷을 입고 왔어요.
   3) 심장이 터질 듯이 빠르게 뛰었어요.
   4) 존 씨는 세계 여행이라도 한 듯이 여러 나라 이야기를 해요.
   5) 영수 씨는 항상 무언가에 쫓기는 듯이 바빠 보여요.
2. 1) 될 듯이
   2) 손에 잡힐 듯이
   3) 맞춘 듯이
   4) 죽은 듯이
   5) 날아갈 듯이

10-2 현대인의 소통 수단

어휘

1. 1) 흔한 2) 선호한다 3) 멀어졌다 4) 일부분이
   5) 굳이 6) 채팅으로 7) 부담스러웠다

-는/은/ㄴ 법이다

1. 1) 급하게 먹으면 체하는 법이다.
   2) 연습을 많이 하면 실력이 좋아지는 법이다.
   3) 노력하는 사람이 즐기는 사람을 이길 수 없는 법이다.
   4) 다른 사람에게 잘못을 하면 사과를 해야 하는 법이다.
   5) 아무리 맛있는 음식이어도 같은 음식을 매일 먹으면 싫증이 나는 법이다.
2. 1) 좋을 수는 없는 법이에요.
   2) 끝이 있는 법이에요.
   3) 잊히는 법이에요.
   4) 꾸준히 하는 게 힘든 법이에요.
   5) 소중함을 알게 되는 법이에요.

-는다고/ㄴ다고/다고 할 수 있다

1. 1) 고등학교를 졸업했으니까 이제 성인이라고 할 수 있어요.
   2) 아르바이트비를 50만 원쯤 받으니까 많이 받는다고 할 수 있어요.
   3) 우리 반은 학생이 16명이니까 학생 수가 많다고 할 수 있어요.
   4) 28살에 결혼을 했으니까 남자 중에서 일찍 결혼했다고 할 수 있어요.
   5) 선생님 10명 중 9명이 여자니까 거의 대부분의 선생님이 여자라고 할 수 있어요.
2. 1) 독감에 걸린 사람이 많다고 할 수 있어요.
   2) 물가가 많이 올랐다고 할 수 있어요.
   3) 시험이 어렵지 않았다고 할 수 있어요./시험이 쉬웠다고 할 수 있어요.
   4) 한 달에 60만 원쯤 드니까 많이 든다고 할 수 있어요.
   5) 일주일에 세 번쯤 인터넷 쇼핑을 하니까 자주 한다고 할 수 있어요.

색인

문법 색인

어휘 색인